**Ich will nach Athen.
Vorsprung durch EQ-Training.**

Wie Leistungssportler ihren Traum von einer
Olympiateilnahme realisieren.

Wie man mit Emotionsmanagement punktgenau
seine Höchstleistungen abruft.

Wie man dem Druck standhält und eine Medaille gewinnt
oder einen Weltrekord aufstellt.

Wie man für sich effiziente Trainingsmethoden
entwickelt und diese konsequent umsetzt.

Wie man sein Material optimiert und dadurch einen Deut
besser wird als die Konkurrenz.

Wie man seinen Königsweg findet und
diesem konzentriert bis zum gesetzten Ziel folgt.

© 2004
1. Auflage, 1. Dezember 2004
Team 4 Verlag, Baden-Baden
www.ich-will-nach-athen.de
Ich will nach Athen. Vorsprung durch EQ-Training.
Christian Lusch (Herausgeber), Rainer Hatz und Raimund Blattmann.
Das Werk ist urheberrechtlich geschützt. EQ-Training ist ein geschütztes und
eingetragenes Zeichen. Sämtliche Verwertungen, auch auszugsweise, sind nicht erlaubt.
Kopien oder Vervielfältigungen von Texten, Listen oder Fotos sind nur nach Rücksprache mit dem
Verlag ausschließlich für persönliche, nicht kommerzielle Zwecke erlaubt.
Der Verlag behält sich vor, Zuwiderhandlungen gerichtlich zu belangen.
Layout, Illustrationen, Collagen, Prepress: Team 4 Verlag, Baden-Baden
Druck: Himmer Druck, Augsburg,
Lektorat: Dr. phil. Gudrun Daul, Bühl/Baden
Fotonachweis (Seitenzahl in Klammer) :
Peter Kneffel/dpa (Titelseite, 10, 12, 98, 148, 151), Heinz Fütterer (6),Team 4 Verlag (8), Fotostudio Wolfgang Sälzle (U2, 99, 100, 103, 110, 112, 113, 118, 122, 150, 159, 170, 177, 180, 186, 188, 190, 197, 207, 209, 211, 213, 214, 223, 241, 252, 253, 254) Salt and Pepper (170, 175), Friedemann Vogel/Bongarts (175, 213) , Rolf Vennenbernd/dpa (228), Patrick Huber (26, 27, 107, 130, 140, 144, 151, 165, 230, 231, 238) Centra (122), Observer (122), Fotostudio Grafe (19, 141) Winzergenossenschaft Affental (20), Christian Lusch (22, 36, 46, 58, 135, 155) Raimund Blattmann (82), Hans Reinhard/OKAPIA (115), Fotodesign Klaus Lorenz (U3)

Printed in Germany
ISBN 3-00-015113-3

Christian Lusch
Rainer Hatz Raimund Blattmann

Mein Weg zur Silbermedaille:
„Erkenne dein Potenzial und trainiere mental!"

Ich will nach Athen

Vorsprung durch EQ-Training

danke

Dieses Buch widme ich meinen Eltern, die mich von Beginn meiner Karriere optimal unterstützten, sowie meiner Freundin Andrea, die mir auf dem langen Weg nach Athen immer zur Seite stand. Mein besonderer Dank gilt meinem ersten Schießtrainer Paul Feist, der schon damals mein Talent und meinen Ehrgeiz erkannte. Ohne Raimund Blattmanns unermüdlichen und selbstlosen Einsatz sowohl im Training als auch im Wettkampf wäre ich heute nicht da, wo ich bin. Ein ganz herzliches Dankeschön gebührt Rainer Hatz, der mich mit seiner unkomplizierten und dennoch kompetenten Art mental zu meinen Erfolgen coachte. Dank auch dem „Athen-Fanclub" aus Eisental, der mir den Rücken stärkte, als es bei den Olympischen Spielen um alles ging. Den Eisentaler und Laufer Schützenbrüdern, die mir auf dem „kleinen Dienstweg" optimale Trainingsbedingungen ermöglichten. Meinen Sponsoren, die an mich glaubten und mich nicht nur finanziell unterstützten. Der Geschäftsleitung der Fa. Striebel & John in Sasbach sowie der Berufsakademie in Karlsruhe, die mir stets zeitliche Freiräume für Training und Wettkampf zugestanden. Dank an Daniel Merkel, einem sympathischen Journalisten, der sich auch für nicht populäre Sportarten wie das Sportschießen interessiert. Patrick Huber, der mir seine zahlreichen Photos für dieses Werk zur Verfügung stellte. Und schließlich allen, die mir auf meinem Weg mit Rat und Tat zur Seite standen.

Ich will nach Athen

inhalt

Heinz Fütterer. Weißer Blitz trifft eiskalten Engel Seite 6
Matthew Emmons. I've really shot. Seite 10
Manfred Kurzer. Wie es wirklich war. Seite 12
Christian Lusch. Ich will nach Athen. Seite 15
Raimund Blattmann. Der Sportler steht im Vordergrund - und nicht der Trainer Seite 101
Rainer Hatz. Vorsprung durch EQ-Training Seite 161
Ihr Mentaler Fitness-Check Seite 244

Heinz Fütterer

„Weißer Blitz trifft eiskalten Engel"

Olympische Spiele entfachen in mir immer wieder ein persönliches olympisches Feuer. Da werden meine Erinnerungen und Eindrücke wieder lebendig, als wäre alles erst gestern gewesen. Meine ersten Sprints als Siebzehnjähriger. Ich lief barfuß, weil ich kein Geld für Laufschuhe hatte. Dafür war die Freude am Sport riesengroß, auch wenn oder gerade weil wir kein oder kaum Geld für Höchstleistungen bekamen. Es sei denn, nach dem Training im Karlsruher Wildparkstadion lud uns mal ein Gönner zum Essen ein.

Meine große Zeit waren die Fünfziger Jahre. Ich gewann mehrere Deutsche Meistertitel über 100 und 200 Meter. Aber so richtig stolz bin ich auf die beiden Doppelmeisterschaften 1953 und 1954. Ich kam locker an den Start und gewann die 100-Meter-Konkurrenz. Eine Stunde später schaffte ich auch als guter Kurvenläufer das Double und war der gefeierte Sieger über 200 Meter. Wahre Sprinter sollen oder müssen beide Distanzen beherrschen. Was heute kaum noch einem dieser Kraftpakete gelingt.

Dieses Kunststück wiederholte ich 1954 bei den Europameisterschaften in Bern. In der Schweiz heimste ich beide Sprinttitel ein und wurde Doppel-Europameister. Ich spürte genau, daß in dieser Zeit viel möglich war.

Wir hatten eine Einladung nach Japan zum renommierten Sportfest in Yokohama. Nach einer dreitägigen Anreise lebte ich mich schnell in Asien ein und trainierte gut. Als ich am Wettkampftag das Stadion betrat, säumten über 40.000 Zuschauer die Ränge. Ich schaute zu den Menschen auf und versuchte, über die Innenflächen meiner Hände Kontakt zu ihnen aufzunehmen. Sie werden es nicht glauben, es ging tatsächlich. Meine Hände wurden sogar warm. Der ganze Körper wurde mit Energie aufgeladen.

Dann kam das Kommando „Auf die Plätze!" Ich merkte, da sind Strahlen vorhanden, doch ich kann selbst heute noch nicht so richtig beschreiben, was da genau war. Etwas drang in mich ein. Es füllte den Akku, den man für die letzten dreißig Meter braucht, um alle zu schlagen. Dieser Lauf wird mir immer in besonderer Erinnerung bleiben, denn es kam mir vor, als würde ich über die Tartanbahn ins Ziel fliegen. Ja, Sie haben richtig gehört, ich flog die 100 Meter ins Ziel. Als ich das Zielband mit meiner Brust durchrissen hatte, wußte ich sofort: Dieser Sprint war ein anderes Rennen. Alles hat auf den Punkt gepaßt!

Nach wenigen Sekunden bemerkte ich die Hektik unter den Kampfrichtern. Sie diskutierten heftig. Ein Pressevertreter teilte mir schließlich mit: 10,2 Sekunden. Sofort schoß es mir durch den Kopf. Das ist neuer Weltrekord!

Jetzt lese ich in einem Artikel in der BNN, einer badischen Regionalzeitung, über den Silbermedaillengewinner Christian Lusch aus Eisental. Dieser junge und ehrgeizige Sportschütze wollte nicht nur an Olympia teilnehmen, nein, er nahm sich fest vor, eine Medaille zu gewinnen. Er nahm große Strapazen auf sich, er trainierte mit seinem Trainer unzählige Sonderschichten, er klügelte neue Schießtechniken aus und entwickelte mit seinem Trainer eine einzigartige Zielvorrichtung. Das erinnerte mich an meine aktive Zeit, als ich mit den PUMA-Schuhmeistern speziell auf meine Füße zugeschnittene Spikes entwickelte. Was mich am aber meisten interessierte, war die Tatsache, daß er einen Mentaltrainer engagiert hatte.

Mit seinem Mentaltrainer Rainer Hatz nahm ich sofort Kontakt auf, da ich wissen wollte, wie und was er mit dem Sportler trainierte. Ich war sehr gespannt, als mir Rainer Hatz dann tatsächlich gegenüber saß und und zu erzählen begann. Wir unterhielten uns angeregt und dann fiel eine Bemerkung, die mir nicht mehr aus dem Kopf geht:

„Ich sprach Christian nach seiner Zielsetzung in Athen an. Zuerst wollte er sich nur für das Finale qualifizieren und eine gute Plazierung erreichen. Danach fragte ich ihn, ob das alles sei? Er meinte später, wenn er am Wettkampftag fit sei, könne

er auch eine Medaille holen – und genau auf dieses Ziel trainierten wir hin, in den Wochen vor Athen. Denn nur wenn ein topfitter Sportler wie Christian auch an sich glaubt und seine Zielsetzung mental verarbeitet, hat er eine Chance auf Sieg und Medaille. Das funktioniert übrigens in allen Sportarten!"

„Mensch", dachte ich, „wenn mir damals in den Fünfziger Jahren nur irgend jemand gesagt hätte: Heinz, du hast gut trainiert, du bist in Topform, du läufst die 100 Meter in 10,0 Sekunden..."

Ich sage mir heute, nach all den Erfahrungen im Sport, die ich machte: „Ich wäre damals auch 10,1 Sekunden oder sogar 10,0 Sekunden gelaufen!" Davon bin ich überzeugt. Hätte der DLV uns damals einen Mentalcoach an die Seite gestellt, der uns das Wissen über den richtigen Einsatz von Emotionen im Sport mit auf den Weg gegeben hätte, wir hätten sicherlich den einen oder anderen Rekord aufgestellt und weitere Rennen gewonnen. Vielleicht auch 1956 die 4 x 100 Meter in Melbourne, wo wir mit der Bronzemedaille sehr zufrieden waren..."

Ich wünsche Dir, lieber Christian, daß du Deinen Weg weitergehen und noch viele Erfolge haben wirst. Du stehst am Anfang einer großen Karriere. Genieße die Zeit als aktiver Sportler und bleibe Mensch, es lohnt sich!

Dein Heinz Fütterer

Matthew Emmons

„I've really shot"

Hallo, ich bin Matthew Emmons. Mein Freund und großer Rivale Christian erzählte mir beim Weltcupfinale in Bangkok, daß er über seine Silbermedaille in Athen ein Buch schreiben werde. Darauf sagte ich eher im Spaß: "Well, Christian, dann mußt du auch meine Story mit aufnehmen!"

Christian willigte ein und ich schrieb noch auf dem Flug in die USA diese Zeilen. Ich glaube, wir haben einmalig tolle Tage in Athen erlebt. Es war ein grandioser Wettbewerb, den ich am Ende knapp vor einem sehr starken Christian gewinnen konnte! Ich hätte nicht gedacht, daß mich dieses „Greenhorn aus Icendale" bis zum letzten Schuß so fordern würde? Denn er schoss ein grandioses Finale und mein Vorsprung schmolz dahin wie eine Eisscholle in der Frühlingssonne.

Erst der letzte Schuß sollte zwischen Gold und Silber entscheiden. Ich fühlte mich bei diesem Schuß sicher und konnte mich mit einer 10,6 ins Ziel retten. Ich war allerdings schon überrascht, dass Christian in der Quali dicht hinter mir auf Platz Zwei gelandet war - vor all den Cracks, die ich da auf meiner Rechnung hatte. Er hatte sich exzellent und minutiös vorbereitet, wie er mir es später mitteilte. Er trainierte wie besessen und hatte einen eigenen Mentalcoach.

Den hätte ich im 3 x 40-Schießen gebraucht. Denn ich hatte einen Moment geträumt, daß ich die zweite Goldmedaille schon sicher in der Tasche hätte. Doch als mein Monitor „Nichts" anzeigte, ahnte ich Schlimmes. Niemand wußte in diesem Moment, was geschehen war. Dem nervösen Kampfrichter teilte ich im Mute der Verzweiflung mit „Sir, I've shot - ich habe doch geschossen!" und zeigte ihm meine leere Hülse.

Die Sekunden verrannen wie bleierne Stunden und mir zog es fast den Boden unter den Füßen weg, als mir die Jury mitteilte, daß ich dem Österreicher ein „Kuckucksei ins Nest" gelegt hatte. „What a heck! - Verdammt" In meinem Kopf sausten die Gedanken Achterbahn, und ich nahm erst später wahr, daß ich vom Schießstand geflüchtet war. Ich mußte in diesem Moment alleine sein.

Mit meinem letzten Schuß warf ich die sicher geglaubte Medaille einfach weg. Mir hätte eine simple 7,2 gereicht - trotz Fehlschuss, der war übrigens eine 8,1 war. Nach einem Moment sammelte ich mich und dann hatte ich es leider realisiert. Mit dieser Fahrkarte war meine zweite Goldmedaille „futsch", aber ich schrieb als tragischer Olympiaheld Geschichte. Als ich hörte, daß mein US-Teamkollege Michael Anti Silber gewonn hatte, rannte ich zu ihm und beglückwünschte ihn. Ich freute mich für ihn und er richtete mich wieder auf. Nun gut, heute kann ich drüber lachen, daß ich den 3 x 40-Wettbewerb als „Schießbudenfigur" beendete. Uns wünsche ich zukünftig noch viele, interessante Wettkämpfe. Möge stets der Bessere gewinnen. Trainiere nicht so hart und gewähre mir für Peking 2008 eine reale Chance.

Best wishes from Colorado, USA. Yours, Matt.

Manfred Kurzer

„Wie es wirklich war"

Mai 2004. Zeitungen, Radio und Fernsehen berichten von unfertigen Sportstätten, chaotischen Verkehrsverhältnissen, Versorgungs- und Stromproblemen, und dies nur wenige Wochen vor den Olympischen Spielen in Athen. Zu diesem Zeitpunkt steckte ich schon mitten in den Vorbereitungen auf meinen letzten, und wie sich später herausstellen sollte, größten Erfolg in meiner sportlichen Laufbahn. Nicht zuletzt durch die negativen Schlagzeilen über Athen besonders motiviert, bereitete ich mich so vor, daß ich mit dem Schlimmsten rechnete und insgesamt nicht zu hohe Ansprüche an das Umfeld, dafür aber an meine positive Denkweise stellte.

15. August 2004. Anreise Athen. Wider Erwarten gab es am Flughafen keine Probleme mit unseren Waffen, der Munition oder sonstigen Dingen. Ohne langes Hin und Her zogen wir ins olympische Dorf ein. Auch jetzt keine Schlangen, keine Schwierigkeiten beim Einchecken ins größte Sporthotel der Welt. Nichts zu spüren von Streß, Desorganisation oder Chaos im Dorf selbst.

Dann die Zimmer. Es gab Schränke, genügend Bäder und sogar einen Fernseher. Einzig die Hellhörigkeit und die eine oder andere Mücke störten. Alles in allem also ordentliche Unterkünfte.

Wie schon in Sydney im Jahre 2000 faszinierte mich auch diesmal die Größe des olympischen Dorfes. Mir wurde gesagt, daß rund 15.000 Sportler und Funktionäre hier unterkämen. Dies sowie die dazugehörende Versorgung rund um die Uhr ließen die Probleme, von denen die Medien im Vorfeld der Spiele berichteten, schnell vergessen.

Wider alle Erwartungen gab es auf dem Weg zu den Sportstätten kein Verkehrschaos, die Schießstände waren wirklich hervorragend und das Personal sehr gut vorbereitet. Selbst die Tatsache, daß die höchste Sicherheitsstufe angesagt war, störte weniger als gedacht. Man konnte sich mit den richtigen Akkreditierungen überall frei bewegen.

Nun war endlich die Zeit gekommen, für die ich nicht nur die letzten vier, sondern die letzten zwanzig Jahre trainiert hatte. Dank eines Umfeldes, in dem man sich rundum wohl fühlte, fiel es mir nicht schwer, mein hohes Selbstvertrauen zu behalten und, wie ich immer zu sagen pflege, „einen schönen Wettkampf zu schießen".

Dann das Finale.

Die Griechen hatten eine noch nie da gewesene Finalhalle gebaut. Eine, die in andere Dimensionen vorstößt. Für die Zuschauer wurde das Finale so zu einer absoluten Galavorstellung.

Ich hatte Weltrekord geschossen und ging nun als Erstplazierter das Finale meines Lebens. Mein Herz drohte zu platzen, so aufgeregt war ich. Zum zweiten Mal stand ich jetzt schon in einem olympischen Finale. Sollte es diesmal klappen, zumindest mit einer Plazierung unter den ersten Drei?

Eine Zitterpartie für alle sechs Finalisten ..., dann endlich der 10. Schuß. Und dann ... der Sieg.

Man kann diesen Moment nicht beschreiben. Diesen Moment, der ewiges Trainieren und Wettkampfstreß belohnt, mehr als belohnt.

Fernsehteams und Zeitungsreporter kamen auf mich zugeströmt. Ungefähr eine Stunde lang nur Interviews, Photos und Pressekonferenz. Nach der Siegerehrung, einem der bedeutendsten Momente in meinem Leben, ging der Medienrummel erst richtig los. Ich eilte von einer Talkrunde zur nächsten, bis ich dann um 4.00 Uhr morgens todmüde in mein Bett fiel. Dieses Spiel ging am nächsten Morgen schon um 7.30 Uhr weiter. Einfach unglaublich, wie großes Interesse man über Nacht bei den Medien wecken konnte...

Abschließend möchte ich festhalten:
Die Olympischen Sommerspiele in Athen waren, allen Unkenrufen zum Trotz, ein außergewöhnliches Highlight für viele Sportler, die hier an den Start gehen durften.

Ich wünsche meinem Freund Christian Lusch noch viele schöne Erfolge als Weltklasseschütze.

Gedanken zum Buch

vorwort

Die Olympischen Spiele sind vorbei, doch die vielen schönen Eindrücke, die ich vor, während und nach den Spielen sammeln durfte, sind geblieben. Diese Wochen waren einmalig in meinem Leben. Zum ersten Mal stand ich mit meinem Sport so richtig in der Öffentlichkeit. Ganz Eisental und auch der Hauptort Bühl standen Kopf, als ich aus Athen zurückkehrte. Es war gar nicht einfach für mich, wieder in den Alltag hineinzufinden, zur Arbeit zu gehen und mit den Vorbereitungen auf das Worldcupfinale zu beginnen. Eine Einladung folgte der nächsten. Doch ich möchte all die Empfänge und Aktionen, an denen ich teilnehmen durfte, nicht missen. Sie waren eine neue Erfahrung für mich und zeigten mir, wie stolz alle auf mich sind.

Natürlich kommt so ein Erfolg nur mit vielen Unterstützern zustande. Zuallererst denke ich da an meine Eltern, die meine sportlichen Anfänge begleiteten und mich zu den Lehrgängen und Wettkämpfen fuhren, bevor ich dann selbst fahren konnte. Die mir auch finanziell immer zur Seite standen. Sodann an Paul Feist, meinen ersten Jugendtrainer, der sich unermüdlich um mich bemühte und für mich da war, wann immer ich ihn brauchte. Durch ihn bin ich zum Schießsport gekommen und ihm verdanke ich auch meine ersten Erfolge.

Zu meinen Förderern gehören auch die Trainer unter denen ich im Juniorenalter meine Erfolge feiern durfte. Insbesondere aber mein jetziger Trainer Raimund Blattmann. Ohne ihn wäre der Erfolg in Athen nicht möglich gewesen. Er zog immer zum richtigen Zeitpunkt die Zügel an, gestand mir aber auch, was für mich ebenfalls wichtig war, individuelle Freiräume zu. Raimund und ich bilden ein hervorragendes Team, das sich vor allem dadurch auszeichnet, daß jeder bereit ist, vom anderen zu lernen. Im gleichen Atemzug ist mein Mentaltrainer Rainer Hatz zu nennen. Er hat mir geholfen, Motivationslöcher zu überbrücken und das große Ziel niemals aus den Augen zu verlieren. Durch ihn bin ich, nicht nur im Schießen, sehr viel selbstbewußter und auch sicherer geworden.

Meine wichtigste Stütze im Privaten ist meine Freundin Andrea. Sie hat mich dieses Jahr nicht gerade viel gesehen, aber sie hat mich immer mit offenen Armen empfangen, wenn ich mich, durchgefroren vom Training, nachts um halb eins an sie kuschelte. Sie motivierte mich stets aufs neue weiterzumachen. Sowohl der Betrieb als auch die Berufsakademie unterstützten mich insofern, als sie meine hohen Fehlzeiten akzeptierten und mich freistellten. Und schließlich wären auch noch meine zahlreichen Ausrüster zu nennen, die mir bei der Auswahl des richtigen Materials oder bei Verbesserungen zur Seite standen, so daß das Material perfekt auf mich abgestimmt ist.

Menschen und Institutionen sind mitverantwortlich für den Erfolg. Partnerschaften muß man sich jedoch erarbeiten, man bekommt sie nicht geschenkt. Und man muß bereit sein, vieles zu entbehren. Man verliert viele alte Freunde aus den Augen, weil man einfach keine Zeit mehr für sie findet. Man kommt nicht mehr dazu, all seine Aufgaben zu Hause zu erledigen. Und es bleibt auch noch so manches andere auf der Strecke. Doch der Weg hat sich dann gelohnt, wenn man einen herausragenden Erfolg erzielt. Denn dann ergibt der ganze Verzicht der letzten Jahre einen Sinn.

Viele Schützenkollegen und Bekannte kamen nach den Spielen auf mich zu und sagten, daß sie mir eine solche Leistung nicht zugetraut hätten. Überhaupt hatten mir im Vorfeld nur sehr wenige einen Medaillengewinn zugetraut. Für meinen Trainer und mich war dieser Erfolg keine Überraschung, er war unser erklärtes Ziel. Wir sind unseren eigenen Weg gegangen und haben etwas erreicht, das nur ganz wenige erreichen werden. Entsprechend unserer Maxime „Vieles ist zu schaffen, wenn man es nur wirklich will!" machen wir weiter, um auch in Peking ganz weit vorne mitzumischen.

Der Weg nach Athen war beschwerlich, aber er hat sich gelohnt. Ich habe nicht nur im Sport meine Erfahrungen gesammelt, sondern auch viele Manschen von einer anderen Seite kennengelernt. Davon will ich in diesem Buch erzählen und jedem die Richtung weisen, der in seinem Leben etwas erreichen möchte. Ich wünsche Ihnen viel Spaß beim Lesen.

Ihr Christian Lusch

Mein Weg zur Silbermedaille

„Ein Sport-As wächst heran..."

Es war an einem Donnerstag, jenem 19. Februar 1981, exakt um 5:51 Uhr, als der „kleine Christian" das Licht der Welt erblickte. Damals ahnte noch niemand, daß er dreiundzwanzig Jahre später im Finale bei den Olympischen Spielen in Athen stehen bzw. liegen würde. Von diesem besonderen Weg und speziell von den Ereignissen des letzten Jahres will dieses Buch erzählen.

> Kalenderblatt zum 19. Februar 1981
> **Wenn Ihr Baby heute geboren ist:**
> „Es wird ein Mensch, der auch schwierige Situationen schnell durchschaut und nüchtern erkennt, was zu tun ist. Ein Sport-As wächst heran."
> Quelle: Caroll Righter, Cosmopress ©1981

Christian und seine Brüder Andreas, Peter (vorne) und Benjamin.

Ein Ellenbogentyp war ich nie

Halt! Stop! Ich würde mich Ihnen doch ganz gerne selbst vorstellen. Also, ich bin, wie Sie nun schon wissen, dreiundzwanzig Jahre alt und lebe mit meiner Familie und meiner Freundin Andrea in meiner Heimatgemeinde Eisental. Das Winzerdorf ist ein Stadtteil von Bühl in Mittelbaden und liegt, umgeben von Weinbergen, am Fuße des Schwarzwaldes. Es ist bekannt für

Affental. Heimat von Christian und einem berühmten Spätburgunder.

seinen Affentaler Spätburgunder, einen Wein, der schon beim Anschauen mundet: Der Affe auf der Flasche ist ein netter Begleiter durch gemütliche Stunden. Ich bin übrigens der älteste von vier Brüdern. Ganz klar, mit den drei „Kleinen", Andreas, Peter und Benjamin, ist „Action" angesagt wie eh und je. Leider passiert es heute nur immer öfter, daß ich wegen meines Sports oder meines Studiums unterwegs bin.

Ich besuchte die Grundschule in Eisental. Wenn ich so an meine allererste Schulzeit zurückdenke, stelle ich fest, daß ich nie der Typ Junge war, der seine Ellenbogen benutzte, um sich durchzusetzen. Ich war eher das Opfer von Streichen frecher Mitschüler.

Danach wechselte ich auf die Carl-Netter-Realschule in Bühl. Neue Mitschüler, neue Lehrer, neue Freunde, doch die Situation als solche blieb gleich. Immerhin, ich war jetzt nicht mehr der einzige, der alles abbekam. Das war ein gewisser Trost für mich. Irgendwann später wurden meine Klagen sogar erhört – die Bühler Rabauken ließen uns nun endlich in Ruhe – theoretisch.

Alljährlich im Sommer findet in Eisental das „Göggerlefest" statt, wozu der örtliche Schützenverein Schartenberg-Eisental die Bevölkerung herzlich einlädt. Eine der Attraktionen für die Dorfjugend ist das sogenannte „Jedermannschießen". 1991 nahm auch ich daran teil – und biß an. Schießleiter Paul Feist, der diesen und weitere Schießwettbewerbe beaufsichtigte, bemerkte, ich erinnere mich genau, daß mir das Kleinkaliber-Gewehr gut in der Hand liege und ich doch mal ins Schützenhaus zum Jugendtraining kommen solle. Mann, war ich in den ersten Trainingsstunden aufgeregt! Doch da sich erste Erfolgserlebnisse rasch einstellten, stieg ich voll ein: Ich begann richtig mit dem Schießen – und war so glücklich. Endlich hatte ich etwas gefunden, worin ich gut war! Endlich konnte ich anderen zeigen, wo es lang ging. Endlich hatte ich meine eigene Welt!

Schon mit dreizehn Jahren qualifizierte ich mich das erste Mal für die Deutschen Meisterschaften in München. Mit dem Ergebnis, Platz 23, war ich hochzufrieden. Mehr noch, dieser Wettkampf war für mich ein Schlüsselerlebnis. Denn die Anerkennung, die ich im Sport fand, half mir auch in meiner persönlichen Entwicklung. Ich erkannte, daß ich es gar nicht nötig hatte, mich wie manche meiner Mitschüler mit den Ellenbogen durchzusetzen, um meine Ziele zu erreichen. Erfolge sind einfach zu erreichen, wenn man

12. Juni 1994. Christian erringt mit 185 Ringen den Landesmeister der Schüler.

sie nur wirklich erreichen will! Diese Einstellung stärkte mein Selbstvertrauen und Durchsetzungsvermögen. Auch den Lehrern fiel auf, daß ich mir von ihnen nicht mehr alles gefallen ließ, daß ich mich festigte und schon jetzt etwas von einem Siegertyp in mir hatte.

Mit dem Besuch des Technischen Gymnasiums in Bühl begann für mich ein neuer Lebensabschnitt. Nicht nur, weil ich in eine neue Klasse kam, in der *ich von zwei Ausnahmen abgesehen niemanden kannte. Zur gleichen Zeit, im Jahre 1999 ging es für mich noch um etwas ganz anderes, etwas sehr viel Wichtigeres: Ich setzte alles daran, um vom Deutschen Schützenbund in die Juniorennationalmannschaft nominiert zu werden. Ich nahm an zahlreichen Wettkämpfen und Lehrgängen teil. Obwohl ich deshalb mehrere Wochen Unterricht im Jahr versäumte, schaffte ich das Abitur mit einem Notendurchschnitt von 1,9. Daran merkte ich ganz deutlich, daß alles möglich ist, wenn man ein klar abgestecktes Ziel vor Augen hat und entschlossen darauf hinarbeitet.*

Nach dem Abitur rief „Vater Staat". Die Bundeswehr sah für mich einen Platz in der Sportfördergruppe vor und ließ mir meinen sportlichen Freiraum. Im Anschluß daran begann ich eine Ausbildung zum Verfahrensmechaniker für Kunststofftechnik. Mittlerweile studiere ich Wirtschaftsingenieurswesen an der Berufsakademie in Karlsruhe und arbeite in den Praxisphasen bei der Firma Striebel & John im badischen Sasbach.

Durch den Leistungssport und speziell durch die intensive Vorbereitung auf die Olympischen Spiele in Athen bin ich ein neuer Mensch geworden. Vielleicht, so spekuliere ich heute, wirken sich die harten Jahre, die hinter mir liegen, vorteilhaft auf mich und meinen weiteren Werdegang aus. Der Ehrgeiz, nichts unversucht zu lassen, ist jedenfalls da.

Die Jugend der Welt versammelt sich in Athen, und ich bin dabei

Olympische Spiele, das größte Sportereignis der Welt – und ich durfte dabei sein. Was für ein „Feeling!"

Überhaupt waren die Sommerspiele in Athen etwas ganz Besonderes, kehrten sie doch im zweifachen Sinne an ihren Ursprungsort zurück. Hier in der griechischen Hauptstadt fanden im Jahre 1896 die ersten Spiele der Neuzeit statt. Initiator war der französische Baron Pierre de Coubertin, der fest daran glaubte, daß der Sport die Völkerfreundschaft befördern könne. Er entwickelte die Idee, die Spiele der griechisch-römischen Antike (am beliebtesten waren damals die Spiele in Olympia zu Ehren des Gottes Zeus) wiederaufleben zu lassen, und begründete nach Jahren unermüdlicher Arbeit eine olympische Bewegung, die den Grundstein für die Olympischen Sommer- und Winterspiele der Neuzeit legen sollte.

Die ganze Welt schaute also 2004 auf Athen, wo die Spiele zwischen Akropolis, Plaka und Piräus ausgetragen wurden. Die Wettkämpfe waren unglaublich spannend, das Medienaufgebot enorm. Nach vier Jahren standen wieder einmal, und das ist das eigentlich Schöne an Olympiaden, die „kleinen Leute" mit ihren besonderen Fähigkeiten im Rampenlicht. Natürlich wurden sie, nach Hause zurückgekehrt, mit entsprechender Begeisterung empfangen und als Helden gefeiert. Athleten, deren Namen die Kinder rauf- und runterbeten können, sofern sie Gold, Silber oder Bronze gewonnen oder zumindest einen fairen Wettkampf abgeliefert haben.

Aber noch etwas anderes halte ich für bemerkenswert: Im Rahmen von Olympia erhalten die sogenannten Randsportarten, über die in den nichtolympischen Jahren kaum oder nur wenig in der Presse zu lesen ist, die Möglichkeit, über die Medien Werbung in eigener Sache zu betreiben. Das Komische daran ist nur, daß es gerade diese Randsportarten sind, in denen Deutschland die meisten Medaillen gewinnt.

Apropos Medien. Da werden manchmal schon vor den Olympischen Spielen die Medaillen verteilt. Und wenn dann jene im Vorfeld hochgejubelten Athleten in den Augen der Reporter versagen, macht die Geschichte vom „Olympiatourismus" die Runde. Das ist nicht fair! Was war passiert? Einige

Medaillenkandidaten, Schwimmer, Radfahrer und Leichtathleten, patzten in ihren Disziplinen. Das war für alle enttäuschend und erst recht für die Sportler selbst. Wir alle hätten sie liebend gerne auf dem Siegertreppchen mit einer Medaille dekoriert gesehen. Aber daß man sie auf Grund ihres Mißerfolgs gleich als Touristen in Griechenland abstempelt, ist nicht korrekt. Denn jeder, der das Ticket für Olympia löst, hat zuvor die Olympianorm erreicht und wird – verdientermaßen – von seinem Verband oder Trainer für die Spiele nominiert. Um es noch deutlicher zu sagen: Es wird ganz bestimmt niemand auf die Olympischen Spiele geschickt, der nicht im Vorfeld Höchstleitungen gezeigt hat.

Ein Sportler steckt nie drin, was ihm alles passieren kann. Aber selbst wenn er sich kurz vor einer Olympiade verletzt oder bei Vorbereitungswettkämpfen seine Leistung aus irgendwelchen Gründen nicht bringen kann, darf man ihm die Teilnahme nicht verwehren, weil er sie sich nämlich schon verdient hat. Sportler sind auch nur Menschen und keine Maschinen. Das vergißt man leider allzu schnell.

Es gibt aber auch den Typ Athleten, der sich selbst in die Predouille bringt: Wer im Vorfeld nur große Töne von sich gibt, bei den Olympischen Spielen aber nichts „reißt", der sollte sich einmal ernsthaft Gedanken machen, ob er sich auf seinen Wettbewerb mit vollem Einsatz vorbereitet hat oder ob ihm nicht Interviews und Scheinwerferspots wichtiger sind. Auch bei Olympia gilt: Nicht der Sportler als Person, sondern nur die von ihm erbrachte Leistung darf im Mittelpunkt stehen.

Ob man nun ein „Sportstar" ist oder ein Neuling, völlig einerlei – jeder trifft im Dorf auf die gleichen Bedingungen. Das Motto „Dabei sein ist alles" paßt hier ausgezeichnet. Allein schon auf Grund der Möglichkeit, den olympischen Spirit zu erleben, lohnt es sich, die großen Strapazen der Qualifikationswettkämpfe auf sich zu nehmen.

Was wäre Athen ohne den obligatorischen Besuch auf der Akropolis?

Für mich persönlich waren die Spiele ein einmaliges Erlebnis. Ich wohnte im olympischen Dorf, sozusagen Tür an Tür mit Sportlern aus aller Welt. Man saß beim Frühstück oder Abendessen zusammen und traf sich zuweilen an der Bushaltestelle. Man hörte zu, diskutierte oder unterhielt sich über Gott und die Welt. Man fand sich sympathisch und gab sich gegenseitig Tips . Es war eine einzigartige Atmosphäre im Dorf. Alles war irgendwie so vertraut, und doch war man noch nie hier gewesen.

Eine kleine Szene am Rande: Eines Morgens setzte ich mich an einen Tisch, an dem bereits ein Australier, schräg gegenüber von mir, Platz genommen hatte. Ich hatte ihn nicht gleich erkannt, aber als wir ins Gespräch kamen, stellte sich heraus, daß es der Schwimmer Ian Thorpe war, der am Tage zuvor die

Eingangsbereich der modernen Schießanlage Markopoulo.

Goldmedaille gewonnen hatte. Bislang hatte ich ihn immer nur in Badehose und Badekappe gesehen. „WOW!" dachte ich. Wie viele Menschen würden mich jetzt beneiden, weil sie zu gerne selbst einmal mit einem großen Star wie ihm an einem Tisch sitzen möchten. Und ich, ich habe es durch meinen Ehrgeiz geschafft, hier zu sein. Ich bin so glücklich und froh darüber.

Das Dorf hatte fürwahr etwas Magisches an sich. Man fühlte sich sofort heimisch und wollte auch nicht mehr von hier fort. Es war alles vorhanden, was man brauchte, und es war auch immer etwas los. Jeden Abend hörte man aus einer anderen Richtung Musik und fröhliche Gespräche – es gab immer etwas zu feiern. Egal auf was für Landsleute man stieß, man war immer willkommen. Und je mehr sich die Olympischen Spiele ihrem Ende näherten, desto mehr griffen die allabendlichen Feiern und kleineren Partys um sich. Vor unserem Haus wurde beispielsweise die Olympiataufe der Schwimmer vollzogen. Was die alles essen mußten! Es gab jede Menge Fisch und andere „Leckereien" sowie, das war die Krönung des Ganzen, einen völlig unversehrten Tintenfisch – auf den Kopf! Das war nichts für schwache Mägen, und ich war froh, daß es bei uns Schützen so etwas nicht gab. Schade nur, daß wir deutschen Sportler uns nicht besser kennenlernen konnten. Bei der Wettkampfdichte traf man bloß selten oder zufällig aufeinander. Jeden Tag kamen neue Athleten hinzu und es gingen auch wieder welche. Es war schon schwer, in unserem Haus den Überblick zu behalten.

Was für eine Stimmung während der Wettkämpfe! Der absolute Wahnsinn! Nun habe ich ja schon so manchen Wettbewerb gewonnen und schon so manche Siegerehrung miterlebt. Als ich mich jedoch nach meinem Finale im Kleinkaliber liegend umdrehte und die vielen jubelnden Zuschauer sowie den Pulk an Photographen auf mich zuströmen sah, war das ein Gefühl, das ich kaum zu beschreiben vermag. Ich spürte die Energieströme in meinem Körper. Adrenalin pur. Wohl auch ein ganzes Potpourri der Glückshormone. Ich stand im Mittelpunkt des Geschehens, ich hatte etwas geschafft, das nur ganz wenige schaffen. In diesem Moment fühlte ich mich einfach großartig. Die Journalisten fragten mich immer, ob ich den Erfolg schon realisiert hätte. Wie denn?! In diesem Moment ist man wie von Sinnen, man kommt gar nicht dazu, darüber nachzudenken, was man da gerade erreicht hat.

Mittlerweile ist Oktober 2004, und ich habe dieses so wunderbare Erlebnis bis heute noch nicht richtig verarbeitet. Ich nehme die Silbermedaille in die Hand und berühre sie. Auf einmal läuft ein Film in mir ab, ich habe sie bei den Olympischen Spielen in Athen gewonnen – nur, was heißt das eigentlich? Ich glaube, daß ich erst in ein paar Monaten, wenn der ganze Rummel um meine Person etwas nachgelassen hat, soweit bin, diesen Film besser zu verstehen. Athen, das waren so viele schöne Eindrücke auf einmal. Aber vielleicht wird manches schon klarer, wenn ich Ihnen einfach ein wenig davon erzähle.

Wie das Unternehmen „Olympische Spiele" begann

Unternehmen wir eine kleine Zeitreise in das Jahr 2002. Dieses fing gut an, denn ich qualifizierte mich gleich beim ersten Worldcup für den Olympiakader in den Disziplinen Luftgewehr und Kleinkaliber. Das war um so erstaunlicher, weil ich als Debütant im ersten Jahr in die Aktivenklasse gekommen war.

Im Juli 2002 standen die Weltmeisterschaften im finnischen Lahti auf der Tagesordnung. Es versammelte sich zum ersten Mal die gesamte Weltelite um mich und ich gab natürlich mein Bestes. Daß der Wettkampf dennoch nicht gerade optimal verlief, lag an den schwierigen Bedingungen, an Wind und starkem Regen, mit denen ich mangels Erfahrung nicht zurechtkam. Ich Jungspund versuchte, mich auf alles zu konzentrieren und alles richtig zu machen. Doch ich hatte mir kein definitives Ziel gesetzt und scheiterte so bereits an der Elimination.

Bei der Elimination scheidet die Hälfte der Schützen aus, so daß nur die verbleibende Hälfte am Hauptwettkampf teilnehmen darf. Diese Art des Wettbewerbs ist aber auch so etwas wie ein letzter Test, welcher der unmittelbaren Vorbereitung auf den Wettkampf dient. Ich war unzufrieden mit mir selbst, unglücklich wegen meiner vielen Fehler. Ich hatte mir mehr von diesem Event erhofft. Doch ich war bereit, aus meinen Fehlern zu lernen. Und: Mir gefiel die Wettkampfatmosphäre. Ich wollte mehr.

Im Jahre 2003 durchlebte ich mehrere Höhen und Tiefen. In beruflicher Hinsicht war ich sehr erfolgreich. Ich hatte meine Ausbildung beendet und im Oktober ein BA-Studium begonnen. Im Sport hingegen lief es weniger gut. Ich hatte von Anfang an Probleme, mich zu motivieren und mich intensiv vorzubereiten. Irgendwie steckte das schwache letzte Jahr noch immer in mir. Und auch die nicht eben optimalen Rahmenbedingungen belasteten mich.

Was heißt hier "nicht optimal" – sie waren einfach schlecht. Entweder den ganzen Tag studieren oder neun Stunden arbeiten, so sah mein Tag im Normalfall aus. Nun fand das Stützpunkttraining in Pforzheim oder Bretten statt, in Orten also, die rund 80 km von Eisental entfernt liegen. Das bedeutete im günstigsten Fall je eine Stunde Hin- und Rückfahrt – und eine furchtbare Hetze bis tief in die Nacht hinein.

Wie sollte da ein effektives Training überhaupt möglich sein?! Schon des öfteren hatte ich diese Problematik mit dem Cheftrainer des Landesleistungszentrums diskutiert. Doch er äußerte sich jedes Mal nur dahingehend, daß es kein Einzeltraining geben könne. Wenn ich mit ihm trainieren wolle, müsse ich den Weg zum Stützpunkt in Kauf nehmen. Unabhängig davon kämen die Olympischen Spiele 2004 viel zu früh für mich, es fehle mir noch an der nötigen Reife.

Das saß tief. Zu diesem Zeitpunkt sah ich überhaupt keine Chance, mich für die Spiele zu qualifizieren. Also begrub ich meine hehren Ziele. Ich war mir sicher, daß ich für eine Teilnahme nicht bereit war und hatte mich daher entschieden, mich primär auf mein BA-Studium zu konzentrieren und den Schießsport für die Dauer meiner Ausbildung hintanzustellen. Wiewohl mein Entschluß schon feststand – tief in mir schlummerte noch immer der Wunsch, bei Olympia einmal dabei zu sein.

Nun ergab es sich, daß ich bei einem Lehrgang gegen Ende des Jahres auf Raimund Blattmann traf. Raimund kannte ich seit meiner Jugendzeit; er war lange Jahre Landestrainer des E- und D-Kaders gewesen, in dem auch mir eine spezielle Förderung zuteil wurde. Und immer wenn er in Eisental oder der näheren Umgebung Fortbildungskurse für Schießtrainer hielt, rief er mich an und fragte, ob ich nicht Zeit und Lust hätte, den Trainern etwas über das Schießen zu erzählen. Oder wir trafen uns einfach so in einer Kneipe und sprachen über dies und das.

An jenem Abend lag irgend etwas in der Luft. Wir hatten schon alles zusammengepackt und ich hatte gerade das Schützenhaus abgeschlossen. Nur Raimund und ich waren noch auf dem Parkplatz und ich fragte ihn, ob er noch einen Moment Zeit für mich habe. Ich erzählte ihm von meinen Problemen, doch noch während ich sprach, kam mir plötzlich ein ganz anderer Gedanke. Ich unterbrach mich selbst, setzte neu an: „Ich will nach Athen, würdest du mir helfen?" Ein kurzer Moment der Stille. Raimund schaute mich ernst an, dann sagte er: „Du weißt, was das bedeutet?" – „Ja, ich weiß es und ich will es!"

Eine Woche später trafen wir uns wieder. Ich hatte auf Anraten von Raimund die Zeit genutzt und noch einmal intensiv darüber nachgedacht, wie meine endgültige Entscheidung aussehen sollte. Es fiel mir zugegebenermaßen nicht leicht, mich festzulegen. Doch dann stieß ich im Internet zufällig auf folgende Geschichte:

Ein Mann, der das Bogenschießen lernte, stellte sich einmal mit zwei Pfeilen vor der Zielscheibe auf. Darauf wies ihn sein Lehrer zurecht: „Anfänger dürfen nie über zwei Pfeile auf einmal verfügen; sie verlassen sich sonst auf den zweiten und gehen sorglos mit dem ersten um. Besser wäre es also, davon überzeugt zu sein, daß die ganze Entscheidung von dem einen Pfeil abhängt, den sie gerade aufgelegt haben."
Yoshida Kenko, ein japanischer Bogenschütze (1283 – 1350)

Plötzlich stand meine Entscheidung fest: Ich will meine Chance nutzen, wer weiß, was 2008 sein wird. Dies teilte ich Raimund dann mit und fügte bekräftigend hinzu, daß ich mir hundertprozentig sicher sei – und damit war die Sache abgemacht.

Erste Gespräche und Widerstände

Ich kannte Raimund schon lange und wußte, daß er ein „harter Hund" ist. Aber wenn er einmal sein Wort gegeben hat, steht er dazu, mit ganzer Kraft. Genau das Gleiche verlangte er nun auch von mir, als wir uns nur wenige Tage später wiedersahen. Raimund hatte sich Gedanken gemacht, genau wie ich. Wir wußten beide, daß die Teilnahme in Athen kein Kinderspiel werden würde. Am Ende unseres Gesprächs stellten wir übereinstimmend fest, daß der Spruch „Dabei sein ist alles!" uns nicht genügte. Wir wollten mehr. Wir wollten es allen zeigen.

Uns war klar, daß wir beim Cheftrainer und anderen, die meinten, etwas zu sagen zu haben, mit unserem Vorhaben auf Widerstand stoßen würden. Denn unsere Trainingsgemeinschaft, speziell unsere Art der Trainingsorganisation entsprach so gar nicht der allgemeinen Vorstellung. Bisher galt immer der Grundsatz: Der Schütze muß zum Trainer kommen und nicht umgekehrt der Trainer zum Schützen.

Da es mir aus zeitlichen Gründen nicht möglich war, lange Strecken zu fahren, Raimund hingegen über ausreichend Zeit verfügte, drehten wir den Spieß einfach um. Zu meiner großen Freude verpflichtete er sich dazu, mindestens zweimal pro Woche abends nach der Arbeit zu mir zu kommen. Nun mußten wir nur noch klären, wann und wo trainiert werden konnte. Da es bei uns im Winter zu kalt ist, um ins Freie zu gehen, suchten wir nach einer 50 m-Halle – und hatten Glück! Die Laufer Schützen hatten vergangenes Jahr ein neues Schützenhaus gebaut und verfügten sogar über eine Halle mit elektronischen Scheiben. Nach einem kurzen Gespräch war der Deal perfekt.

Jetzt mußte nur noch das Finanzielle geklärt werden. Darum wollte sich Raimund kümmern. Das erste Gespräch mit dem Cheftrainer verlief nicht sehr erfolgreich. Wieder hieß es, ein Einzeltraining komme nicht in Frage. Daraufhin setzten wir uns mit dem Geschäftsführer des Südbadischen Sportschützenverbandes (SBSV) zusammen. Nach einem langen Gespräch über unser Projekt und die Möglichkeiten der Förderung durch das Landesleistungszentrum gab er uns seine Zusage: Der SBSV wäre bereit, die anfallenden Kosten zu übernehmen, falls das Landesleistungszentrum dies nicht tun würde. Mit dieser Rückendeckung trat Raimund nochmals an die Verantwortlichen des Landesleistungszentrums heran und, siehe da, auf einmal gaben sie nach, obwohl sie sich mit unserer individuellen Lösung weiterhin schwertaten.

Wir hatten nun alles, was wir brauchten, und terminierten unser erstes gemeinsames Training auf den 2. Januar 2004. Schließlich stand Weihnachten vor der Tür, und ein großes Geschenk, die Aussicht, in Athen 2004 vielleicht doch dabei sein zu dürfen, hatte ich ja schon erhalten.

Erstes Training mit Raimund

Weihnachten und Neujahr dienten noch einmal der Entspannung, bevor es jetzt richtig losging. Jeder hatte sich noch einmal Gedanken machen können, was er vom anderen erwartete. Was mich anbelangt, so wußte ich ziemlich schnell, was ich von Raimund wollte: nämlich einen Trainer, der voll und ganz hinter mir steht, der wirklich hart und konzentriert mit mir arbeitet, jedoch auch auf meinen Job und mein Studium in gewissem Maße Rücksicht nimmt.

Im Gegenzug verlangte er von mir, ich solle trainieren, „was das Zeug hält", und niemals aufgeben, auch wenn es einmal schwer werde und meine Kräfte erschöpft zu sein scheinen. Für mich war das in dieser Situation selbstverständlich. Denn wenn man so eine Chance bekam, durfte man sie nicht leichtfertig vergeben. Wir einigten uns auch, uns alles zu erzählen, was das Training, uns selbst sowie Personen betrifft, mit denen wir eng zu tun haben. Schließlich hatten wir uns weit aus dem Fenster gelehnt, da durfte es zwischen uns keine Mißverständnisse geben.

Wir trafen uns im badischen Lauf, um den Schießstand einfach einmal auszuprobieren und unsere gemeinsamen Termine bis zum ersten Lehrgang (15. – 18. Januar 2004) abzustecken.

Ich hatte mich auch im Luftgewehr für die Ausscheidungswettkämpfe qualifiziert. Doch das Thema war schnell erledigt, denn im Kleinkaliber war ich einfach stärker, so daß ich meine ganze Energie in meine Paradedisziplin stecken wollte. Wir waren uns einig, uns auf das Kleinkaliber und insbesondere auf das Kleinkaliber liegend zu konzentrieren, dafür jedoch auf die Teilnahme an der Olympiaausscheidung im Luftgewehr zu verzichten. Auf einem ersten Lehrgang sollte indes eine „Quali" das Teilnehmerfeld für den Worldcup in Bangkok im Februar ermitteln. Da wollten auch wir hin, das war unser erstes Ziel von vielen.

Wir trainierten fast jede freie Minute. In den ersten zwei Wochen steckten wir uns noch keine hohen Ziele ab, aber wir nahmen uns vor, konsequent zu trainieren. Raimund beobachtete mich beim Schießen und stimmte das Training genau auf mich ab, und das sollte sich lohnen: Die beiden Leistungskontrollen entsprachen voll und ganz unseren Erwartungen. (Mit der richtigen Einstellung und einer ordentlichen Portion Motivation ist eben alles möglich.) Den Wettkampf im Liegendschießen hatte ich mit 596 Ringen gewonnen und ich war mit 1168 Ringen im Dreistellungskampf zweiter hinter Maik Eckhardt. Ich hatte mich somit eindeutig für den Worldcup qualifiziert. Nach der langen Durststrecke also endlich wieder einmal ein großer Wettkampf. Ich war schon richtig heiß drauf.

Zu Hause machten wir uns sogleich daran, uns auf den Worldcup und die darauffolgende Olympiaausscheidung vorzubereiten. Wir trainierten in der Regel dienstags und donnerstags in Lauf, teilweise von 18 Uhr bis weit nach Mitternacht. Nach zwei Wochen stellte ich fest, daß meine Reserven an Munition allzu schnell zur Neige gingen. Wir versuchten also, von überall her zusätzliche Munition fürs Training zu besorgen.

Wir waren grundsätzlich die letzten am Stand, und nach einem ausgiebigen Training hatten wir oft noch viel zu besprechen. Überhaupt sprachen wir über so ziemlich alles. Raimund hatte immer ein offenes Ohr für meine Sorgen und Wünsche. So wuchs mein Vertrauen zu ihm, denn ich spürte mit jedem Trainingsabend mehr, daß er es wirklich ernst meinte. Er versuchte, mich auch mental ein Stück weit zu stärken, indem er mir immer wieder sagte, daß ich es schaffen könne und die anderen mich erst einmal schlagen müßten. Das gab mir für den Worldcup enormes Selbstvertrauen. Ich konnte ja nicht wissen, was mich dort erwarten sollte.

Der Worldcup in Bangkok – ein Wettkampf der speziellen Art

Wir hatten uns intensiv vorbereitet, waren aber davon ausgegangen, daß elektronische Anlagen vorhanden sein würden. Doch als ich nun den Schießstand in Bangkok erstmals betrat, traf mich fast der Schlag. Wacklige Pritschen und Scheibenzuganlagen – das bedeutete eine furchtbare Quälerei. Dazu die klimatischen Bedingungen. Wir hatten in dieser Woche ca. 42°C und 80 % Luftfeuchtigkeit – da kam man schon vom Zuschauen ins Schwitzen.

Während des Weltcups in Bangkok entdeckten wir die vielen und schmackhaften Leckereien ambulanter Foodstalls und Garküchen.

Nach der technischen Sitzung erfuhren wir mehr: Wettkampf auf Scheiben, ein Schuß pro Scheibe. Das wird die reinste Folter, schoß es sogleich in mir hoch. Als dann auch noch die Elimination abgesagt wurde, wußte ich, daß es äußerst schwer werden würde, hier auf einem der vorderen Plätze zu landen. In unserem luxuriösen Hotel angekommen, genossen wir das nicht weniger umwerfende abendliche Buffet und fielen schließlich gesättigt ins Bett, ohne noch einmal über die besonderen Wettkampfbedingungen nachzudenken.

Diese holten uns am nächsten Morgen von selbst ein. Ich hatte meine Ausrüstung nur zehn Stufen hoch auf den Schießstand getragen und war schon naß geschwitzt. Als ich schließlich auf der Pritsche lag und versuchte, auf die Scheibe zu kommen, rann mir der Schweiß in Strömen von der Stirn. Ich trainierte an diesem Tag in jeder Stellung nur etwa vierzig Schüsse. Ob das ausreichen würde? Der offizielle Wettkampf sollte bereits am nächsten Tag stattfinden.

Ich hatte mich seelisch und moralisch darauf vorbereitet, daß diesmal kein Topergebnis zu erzielen war, da nicht nur die Hitze, sondern auch noch ein übler Wind störte. Wie schnell passiert es in solch einer Situation, daß man sich ein paar Neuner mehr einfängt.

Jeder von uns bekam einen Scheibenwechsler zugeteilt. Da mußte man Glück haben, den Richtigen zu erwischen. Meiner war etwas langsam. Als ich nach etwa zwanzig Schüssen die erste Pause machte, versuchte ich, ihm zu erklären, wie man die Scheiben schneller wechselt. Eine Verständigung war gar nicht so einfach, weil er kein Englisch und ich kein Wort Thai spreche. Immerhin, er bemühte sich. Als ich dann nach rund 70 Minuten meinen Wettkampf beendete (normal sind etwa 35 Minuten) und schweißgebadet von der Pritsche stieg, sah ich, daß noch 90 % der Schützen lagen. So etwas hatte ich vorher noch nie erlebt. Später erfuhr ich mein Ergebnis: 588 Ringe – damit landete ich sogar noch im vorderen Feld.

Nach dem Wettkampf tauschte ich mich mit einigen Schützen aus, alle waren sich einig: Die Hitze, das lange Warten beim Scheibenwechseln, brutal! Und dieser Wind erst! Selbst die erfahrensten Schützen mußten alle Register ziehen, um hier bestehen zu können.

Doch das dicke Ende kam erst noch, das 3 x 40. Ich probierte im Vorfeld aus, wie ich mich während des Schießens abkühlen könnte. Am eigentlichen Wettkampftag war es dann glücklicherweise nicht ganz so windig, dafür aber etwas wärmer (38°C). Nach dem Liegendschießen, das ich an diesem Tag ganz gut im Griff hatte, ging es ans Stehendschießen. Da meine Probe exzellent war, fing ich zügig an, was sich als Fehler erwies; ich begann mit „mageren" 42 von 50 Ringen.

Irgendwie konnte ich mich etwas fangen, doch nach und nach begannen meine Füße zu schmerzen. Sie brannten schließlich derart, daß ich das Gefühl hatte, auf Feuer zu gehen. Auch spürte ich, wie allmählich der ganze Körper anschwoll. Da hieß es: so schnell wie möglich mit diesem Durchgang fertig werden. Nun stand mir nur noch das Kniendschießen bevor.In der Pause hatten sich meine Füße zwar etwas regeneriert, doch ich hatte große Mühe, mich wieder in meinen Anzug zu pressen. Bei den hohen Temperaturen kam ich mir wie ein Pfannkuchen vor, der gerade in der Pfanne zubereitet wird. Also schoß ich so schnell es ging, so schnell mein Scheibenwechsler wechseln konnte.

Am Schluß war ich mit meiner Leistung ganz zufrieden. Obwohl dies mein erster Wettkampf im Freien gewesen war (bisher hatte ich nur in der kalten Halle trainiert), hatte ich mich nicht blamiert – ich war nur vier Ringe von einem Finalplatz entfernt gewesen. Auch wußte ich jetzt ganz genau, was ich in nächster Zeit zu trainieren hatte, es blieben ja nur noch zwei Wochen bis zur ersten Olympiaausscheidung.

Die folgenden zwei Tage genoß ich die Köstlichkeiten des Landes, Heuschrecken und andere leckere Dinge, gewann noch einen weiteren schönen Tag, da unser Flieger mehr als ausgebucht war, und hatte schließlich noch einen ganzen Tag, um mich zu Hause so richtig auszuschlafen.

Die erste Olympia-Vorausscheidung in München – mit Raimund

Zwei Tage nach der Ankunft im kalten Deutschland ging es sofort wieder auf den Schießstand. Wir sprachen über meine Erfahrungen aus Bangkok und unsere neuen Trainingsziele. Da die erste Olympia-Vorausscheidung in München drei Liegend- und zwei Dreistellungswettkämpfe mit anschließendem Finale vorsah, entschlossen wir uns, unser Hauptaugenmerk auf das Finale zu richten, denn im Finale zu schießen ist eine Sache für sich. Also bauten wir in unser Training jede Menge Final-Situationen ein, um in der letzten Wettkampfphase eventuell noch ein paar Ringe mehr herausholen zu können.

Die erste Vorausscheidung auf nationaler Ebene stand unmittelbar bevor. Ich wollte Raimund bei diesem wichtigen Wettkampf unbedingt dabei haben, denn wir hatten die ganze Zeit über zusammen trainiert und er kannte mich wie kein anderer. Trotz organisatorischer Komplikationen war es Raimund schließlich möglich, auf meinen Wunsch einzugehen.

Anreise war dann am Dienstag, und am gleichen Tag noch ein kurzes Training. Kurz deshalb, weil ich den Schießstand schon von zahlreichen Lehrgängen und Wettkämpfen her kannte. Wir nutzten die verbleibende Zeit und setzten uns in einer stillen Ecke zusammen, um unsere Strategie festzulegen. Die Maxime lautete: voll auf Angriff gehen, da es nichts zu verlieren gibt.

Zuerst kam das Liegendschießen. In dieser Disziplin malte ich mir den größten Erfolg aus. Doch ich war nervös wie noch nie. Als ich so da lag, wußte ich nicht mehr, wo hinten und vorne war. Raimund riet mir, mich auf meine Stärken zu verlassen. Also fing ich an und richtete mich mit einem „Was soll das eigentlich, ich kann's doch" selbst wieder auf. Nach einer schwachen Probe folgten 36 Zehner am Stück.

Dann mußte ich aufstehen. Ich hielt es einfach nicht mehr aus, mein Puls war viel zu hoch, ich mußte mich ein wenig erholen. Und nun unterlief mir der erste Fehler: Ich hatte mich wieder hingelegt, obwohl ich noch nicht bereit war. Das mußte ich schnell büßen – der erste Schuß ging daneben, eine Neun. Ab da hatte ich den Faden verloren und schoß wie vor einem Jahr. Immerhin, ich schaffte noch die 595 Ringe, noch war nichts verloren. Schließlich erwartete mich das Finale, das hatten wir ja schließlich trainiert. Mit 104,3 schoß ich mich zurück auf Platz drei.

Nach dem Wettkampf hatte ich einen „großen Rüffel" von Raimund erwartet, weil ich aufgestanden war, obwohl ich nur Zehner geschossen hatte. Doch dem war nicht so. Er lobte mich vielmehr dafür, daß ich in dieser Situation den Mut aufgebracht hatte, eine Pause einzulegen, das könnten die wenigsten.

Am nächsten Tag stand die erste Vorausscheidung im 3 x 40 an. Ich spürte den gleichen Druck wie am Vortag. Es lag eine große Spannung in der Luft, und wenn man sich ganz leise verhielt, konnte man es (vielleicht) sogar knistern hören. Als das Schießen endlich begann, waren alle voll und ganz auf ihre Sache konzentriert. Denn jetzt ging es um die Wurst! Und wir hatten nur zwei Chancen, uns zu beweisen. Das galt in besonderem Maße für mich, der ich mich in den vorangegangen Trainingseinheiten, was das Stehendschießen anbelangt, stets sehr instabil gezeigt hatte. Zugegeben, ich hatte etwas „Bammel".

Das Liegendschießen verlief ohne Probleme. Nachdem die Schießzeit für diesen Durchgang abgelaufen war und ich mein Gewehr auf stehend eingestellt hatte, nahm mich Raimund zur Seite, denn er sah mir an, daß ich sehr unsicher war. „Denk' an das, was wir trainiert haben. Fang' erst an, wenn du dir hundertprozentig sicher bist!" Wir hatten dieses Spiel oft trainiert und ich hatte meistens nicht richtig reagiert. Doch ich wußte, wie es funktionierte. Also stellte ich mich hin und schoß Probe. Es war ein einziger Kampf, ich kam einfach nicht zur Ruhe.

Ich hatte schon 22 Schüsse abgegeben und war mir immer noch nicht sicher. Gleichzeitig spürte ich jedoch, daß ich jetzt agieren mußte. Ich sagte mir: „Noch zwei Schüsse, und dann fängst du an, egal was passiert!" Ich wußte, daß ich im Ernstfall noch mal eins drauf legen konnte. Also fing ich an. Ich begann mit vier Zehnern und einer Neun. Super, dachte ich, jetzt hast du's. Es folgten noch ein paar gute Schüsse, aber dann verlor ich plötzlich den Faden.

Wahrscheinlich, weil ich auf einmal nur noch das Ergebnis im Sinn hatte.

Nach einer Pause in der dritten Serie versuchte ich, alles zu geben, doch ich war an der Grenze. Mitte 370 Ringe – das war gerade noch an der Grenze. „Da wirst du wohl nicht mithalten können!" Hätte ich früher auf die Ergebnisse der anderen geschaut und nicht erst nach dem Wettkampf, dann hätte ich mich beim Kniendschießen nicht so unter Druck setzen müssen. Ich „quälte mir einen Wolf", wollte ich doch mein mißglücktes Stehendergebnis, koste es, was es wolle, wiedergutmachen. Nun denn, ich war noch nicht so weit.

Auch das Kniendschießen gelang mir nicht optimal. Als ich dann aber die Ergebnisse der anderen betrachtete, stellte ich fest, daß sie im Stehendschießen gar nicht viel besser waren als ich, ja daß alle bis auf einen in diesem Durchgang schlecht geschossen hatten. Nur waren sie nicht so angespannt. Dabei war ich nur 3 Ringe hinter dem Drittplazierten, und das reichte bereits um weiterzukommen.

Raimund war zwar nicht ganz zufrieden mit mir, sagte aber nur: „Es kommt ja noch das Finale. Und dann zeig', was du kannst!" Ich schoß das zweitbeste Finale und konnte meinen vierten Platz verteidigen. Noch war nichts verloren.

Am dritten Tag fand dann wieder Liegendschießen statt. Ich startete als Zweitplazierter. Die Nervosität der letzten beiden Tage war etwas verflogen, was an der guten Stimmung unter uns Schützen lag. Ich versuchte, während dieses Wettkampfes genauso zu schießen wie während des ersten. Doch so einfach war das nicht. Ich hatte mir wieder einmal ein Ergebnis als Ziel gesetzt, was wiederum falsch war. Ich fing schlecht an und machte schon nach der zweiten Serie eine Pause. Ich hatte schon 5 „Nasse", d. h. schon 5 Ringe verloren.

Ich war deprimiert und sah die Olympiateilnahme schon förmlich durch meine Finger rinnen. Doch dann kam plötzlich Raimund auf mich zu. Ich war so froh, ihn als eigenen Coach zu haben. Er hatte vor dem Schießen nichts mit mir gesprochen und mich einfach machen lassen. Jetzt zeigte er nur auf die anderen. Alle hatten zu kämpfen und ich lag noch gut im Rennen. Er redete mir ins Gewissen, ich solle das Ergebnis vergessen und mich auf das Wesentliche konzentrieren. „Ich muß doch aber hoch schießen um zu gewinnen", gab ich zur Antwort. „Dann geh raus und zeig' mir, daß du das Zeug dazu hast."

Irgendwie, so scheint mir, weiß er immer ganz genau, was er mir sagen muß, um mich zu motivieren. Jedenfalls legte ich mich hin und schoß eine Zehn nach der anderen. In der fünften Serie leistete ich mir noch eine Neun, schoß voll aus – und erzielte mit 594 Ringen das beste Ergebnis. Wir fielen uns in die Arme. Ich hatte nun sogar die Chance, die Führung zu übernehmen – und ich nutzte sie. Aus den hervorragenden Ergebnissen im Finale schöpfte ich neuen Mut, was ich auch nach außen hin zeigte. Die Reaktion des Cheftrainers erfolgte umgehend. Ich solle nicht so tun, als ob ich schon gewonnen hätte, es komme ja noch ein weiterer Wettkampf. Und wieder war ich verunsichert. Dieser Mann schafft es immer, einen fertig zu machen, dazu hat er ein „wahnsinniges" Talent. Ich hielt es für das Beste, mich jetzt zurückzuziehen. Morgen sollte schließlich die Entscheidung im 3 x 40 fallen. Und ich hatte mir viel vorgenommen.

Die erste Entscheidung stand an. Ich war motiviert und hatte durch den Wettkampf am Vortag wieder an Selbstvertrauen gewonnen. Liegend schoß ich voll, d. h. 400 von 400 möglichen Ringen. Ich war gut drauf. Stehend war noch nie meine Stärke, doch heute fühlte ich mich gut. Zu gut. Und so machte ich leider den größten Fehler, den ich machen konnte. Ich mußte zu diesem Zeitpunkt total neben mir gestanden sein. Denn ich fing bereits nach 9 Schüssen Probe „richtig" an, da ich anscheinend der Meinung war, daß heute alles paßte oder von alleine ging. Nach den ersten zwei Schüssen die reinste Katastrophe: 8, 9, 7, 10, 8. Das war's also. Irgendwie brachte ich den Wettkampf zu Ende mit einem Ergebnis, das dem von vor zwei Tagen ähnelte. Dabei hatte der Wettkampf so vielversprechend begonnen! Ich war fertig. Ich wollte nicht mehr. Ich dachte, das ist das Aus.

Jeder Wettkampf ist erst beendet, wenn der letzte Schuß gefallen ist. Doch der war hier noch nicht gefallen. Es kam noch das Finale. Ich hatte 5 Ringe Rückstand, sicherlich, doch die Erfahrung lehrt: Im Finale geht es manchmal ganz schnell, daß ein sicher geglaubter Vorsprung dahinschwindet. Raimund brachte mich wieder auf den richtigen Weg. Ich solle Biß haben und den anderen mal zeigen, wie man ein Finale schießt. Und das tat ich. Ich erzielte das höchste Finalergebnis (102,7 Ringe), und nicht nur das, ich holte auf, fast 7 Ringe – und war so glücklich, jeder gratulierte mir. Sollte es reichen, um Dritter zu werden? In jedem Fall würde es, das war mir klar, äußerst eng zugehen, da nur der Schnitt der Finals gewertet würde.

Es reichte nicht ganz, am Ende fehlten 0,3 Ringe zum dritten Platz. Ich war zugegebenermaßen etwas enttäuscht. Immerhin, so tröstete ich mich, hatte ich gezeigt, daß man mit mir in einem Finale immer rechnen muß. Ich hatte hier in München den besten Finalschnitt vorzuweisen. Und, noch viel wichtiger: Raimund war stolz auf mich, auch wenn ich die „Quali" nicht geschafft hatte, denn ich hatte zu keinem Zeitpunkt zu kämpfen aufgehört.

Ich wachte am Morgen auf und dachte, wenn du das heute noch überstehst, dann hast du den halben Weg nach Athen geschafft. Ich war darauf eingeschossen, ich wollte gewinnen, ich wollte den ersten Platz machen. Dementsprechend äußerte ich mich auch gegenüber Raimund, als er zu mir sagte: „Mach' dir keinen Kopf, es reicht, wenn wir dritter werden!"

Ich wollte den Wettkampf vom Ablauf her genauso gestalten wie den am ersten Tag und mit der gleichen Entschlossenheit an meine Aufgabe herangehen. Nun, der Einstieg in den Wettkampf gelang auch phantastisch. Doch zum ersten Mal in dieser Woche hatte ich Pech: Ich erzielte, wie ärgerlich, gleich dreimal eine 9,9! Dennoch durfte ich mit meiner Leistung zufrieden sein, ich schoß erneut 595 Ringe und untermauerte damit meine konstant gute Form.

Im Finale mobilisierte ich noch einmal alle Kräfte. Schade nur, irgendwie war mir das Glück nicht so hold. Ich schoß zwar nur Zehner, aber nicht die hohen, die ich gebraucht hätte. Endergebnis: 103,5 Ringe – untere Grenze. Doch ich hatte erneut den besten Finalschnitt. Ganz klar, es hatte sich gelohnt, im Training einen Schwerpunkt auf die Besonderheiten des Finalschießens zu legen. Und das Beste zum Schluß, ich war weiter. Ich durfte zum Worldcup nach Athen und zum internationalen Wettkampf (IWK) nach Pilsen/Tschechien, wo ich mich für die Olympischen Spiele qualifizieren konnte.

Noch auf der Heimfahrt besprachen wir, wie es weiter gehen sollte. Und auch das gehörte dazu: Jeder bekam seine Hausaufgaben, die er bis zum nächsten Training zu erledigen hatte.

Meine erste Aufgabe bestand darin, meiner Arbeitgeberin meinen Terminplan so zu präsentieren, daß sie ihn akzeptieren würde: Trainingslager in Barcelona, Worldcup in Athen und IWK Pilsen, 15 Urlaubstage innerhalb von 5 Wochen – jeder kann sich vorstellen, daß sie darauf nicht sonderlich begeistert reagieren würde. Doch nach einem längeren Gespräch über die Koordination von Studium und Hochleistungssport stimmte sie zu. Der Hintergrund: Sie selbst hatte an zwei Olympiaden teilgenommen und wußte, was es heißt, sich auf die Spiele vorzubereiten.

Der nächste Schritt war etwas schwieriger. Ich mußte ebendiese Situation meinem Professor „beibringen". In 13 Wochen Studium 6 Wochen Abwesenheit ist nicht gerade wenig. Natürlich machte er sich Sorgen und sprach mich darauf an, ob ich noch mitkomme und meine Klausuren bestehen werde. (Auf der BA ist es nicht möglich, ein Semester zu wiederholen.) Aber letztendlich stimmte auch er zu, unter der Bedingung, daß es bei diesem einen Semester bleiben werde. Ich sicherte ihm dies natürlich zu, aber schon heute läßt sich absehen, daß die Situation im Sommersemester 2005 ähnlich aussehen wird.

Beide Seiten hatten mir grünes Licht erteilt, so daß ich nun meinen Urlaub einreichen konnte. Doch bereits nach der ersten Aktion, nämlich nach Bangkok und der Ausscheidung, war mein Jahresurlaub aufgebraucht und ich mußte unbezahlten Urlaub nehmen. Daß man mich freistellte, wußte ich ebenso zu schätzen wie die Tatsache, daß mich die Stiftung Deutsche Sporthilfe für meine Aufwendungen später entschädigen sollte.

Was auf dem Weg ins Trainingslager so alles passieren kann

Ich hatte eine Woche Zeit, um mich ein wenig zu regenerieren, und dann noch eine Woche Training, bevor ich erneut aufbrach. Diesmal nach Barcelona. Eine Woche Trainingslager, um mich auf die Temperaturen in Athen und den dort herrschenden Wind einzustellen. Bei uns war es noch zu kalt, um vernünftig im Freien zu trainieren.

Kaum zu glauben, wie spannend eine Anreise sein kann. Am Flughafen in Stuttgart verwehrte man uns, da wir Waffen mitführten, den Zutritt zum Flieger. Selbst der Bundesgrenzschutzbeamte wußte nicht, was zu tun war. So verstrichen die Minuten und die Zeit wurde immer knapper. Zwanzig Minuten vor Abflug durften wir dann unser Gepäck doch

Der Schießstand in Barcelona.

noch aufgeben. Indes, kaum hatten wir unser Übergepäck bezahlt und hielten die Bordkarten in der Hand, riefen sie uns aus. Wir spurteten zur Sicherheitskontrolle und fanden uns, wie sollte es in einer solchen Situation auch anders sein, in einer ewiglangen Schlange wieder. Also blieb uns nichts anderes übrig, als uns nach vorne durchzukämpfen – da wurden wir abermals ausgerufen. Kaum durch, rannte auch schon eine Flugbegleiterin in Stöckelschuhen auf uns zu, wir sollten uns doch bitte beeilen, sie müßten jetzt abfliegen.

Geschafft, wir waren drin. Die Türen schlossen sich. Und noch bevor wir unsere Plätze eingenommen hatten, rollte der Flieger auch schon in Richtung Startbahn. In Frankfurt verlief dann alles reibungsloser. Doch als wir in Barcelona landeten, war uns, als träfe uns ein Hammerschlag: Alles Gepäck kam an, nur die Waffen nicht, die in Frankfurt aufgegeben worden waren.

Nach anfänglichen Verständigungsproblemen mit den Einheimischen sagten sie uns die Waffen für 20 Uhr zu. (Es war jetzt gerade mal 13 Uhr.) Also gingen wir zum Zoll, wurden jedoch durchgewunken, obwohl wir erklärten, daß wir beabsichtigten, Waffen einzuführen.

Die sich nun anschließende Busfahrt glich einer Odyssee. Mit einer Karte auf Spanisch und einer sehr ungenauen Routenbeschreibung aus dem Internet kamen wir am Ende doch noch an – dank meiner Navigationskünste sogar auf dem kürzesten Weg. Dieser war nirgends eingezeichnet, führte aber dennoch auf einer Serpentinenstraße über einen kleinen Berg zu unserem Hotel.

Nachdem ich mit Ferdinand unser Zimmer bezogen hatte, machte er sich zusammen mit anderen Mannschaftsmitgliedern wieder auf den Weg zum Flughafen; die Zurückgebliebenen, darunter auch ich, gingen zunächst etwas essen. Unsere Waffen abzuholen kostete uns zwei Stunden. Doch merkwürdig, als wir wieder zurück im Hotel waren, fehlte von den anderen noch jede Spur. Der Grund: Sie hatten sich total verfahren und für die Rückfahrt zum Hotel fast eine Tankfüllung verbraucht. Endlich eintreffend, erzählten sie uns, daß sie mit ihren Waffen die Polizei aufsuchen mußten, um sie anzumelden. – Ach herrje, wie hatten wir das nur versäumen können! – Und so kam es, daß wir, die „Schnelleren", am nächsten Morgen wohl oder übel zur nächstgelegenen Polizeistation fahren und den Eintrag nachholen mußten. Damit war endlich alles geregelt und wir konnten mit dem Training beginnen.

Das Wetter war nicht ganz so, wie wir uns das vorgestellt hatten. Die ersten zwei Tage war es, besonders morgens, unangenehm kalt, zudem windstill. Erst am dritten Tag sollte sich das ändern. Und so trainierten wir jetzt viele Stunden lang und versuchten, mit dem Wind zurechtzukommen, ja mit ihm zu spielen. Ich tat mich am Anfang sehr schwer, ich mußte das Gefühl für den Wind erst wiederfinden. Es gibt so viele Faktoren, auf die man beim Schießen zu achten hat. Da ist es nicht immer leicht, sich richtig zu entscheiden.

Als ich mich am nächsten Tag hinlegte, klappte auf einmal alles. Ich wußte nun wieder genau, wo ich hinhalten oder korrigieren mußte, um die Zehn zu treffen. Die Ergebnisse waren dennoch nur durchschnittlich. Dafür gab es eine ganz einfache, aber triftige Erklärung: Ich hatte mit einer billigen Trainingsmunition geschossen, um meine Wettkampfmunition für die zwei Ausscheidungen in Athen und Pilsen aufzusparen. Trotzdem gelang es mir, in unserem Abschlußwettkampf 597 Ringe zu schießen. Ich war also auf dem richtigen Weg.

Ein anderes Problem machte mir zu schaffen. Durch das viele Stehendschießen hatte ich immer häufiger Schmerzen im Rücken. Im letzten halben Jahr hatte ich den Bereich Kräftigungsgymnastik vernachlässigt. Das mußte sich nun ändern.

Alles in allem war die Woche sehr aufschlußreich und erfolgreich, wußte ich doch nun sehr genau, wo ich stand und was noch zu tun war. Bei der Abreise mußten wir ähnliche Verzögerungen in Kauf nehmen wie bei unserer Anreise. Doch wir konnten, wie geplant, abfliegen und kamen auch samt unserem Gepäck zu Hause an.

Als ich mich mit Raimund das nächste Mal traf, erzählte ich ihm von meinen neuen Erkenntnissen. Wir kamen zu dem Schluß, daß es nichts mehr bringen würde, in der Halle zu schießen. Also wurde das Training ins Freie verlegt. Darüber hinaus entschieden wir uns für Krankengymnastik unter professioneller Anleitung. Da der Landeskader mit einer Physiotherapeutin aus einem Nachbarort von Eisental zusammenarbeitet, war der Kontakt schnell hergestellt. Seitdem fielen zusätzlich zum Training noch zwei Termine Physiotherapie pro Woche an.

Der Worldcup in Athen stand vor der Tür. Also war jetzt Wettkampftraining angesagt. Raimund lies mich zu Beginn eines jeden Wettkampfes ein Liegendprogramm schießen. Dabei steigerte er zusehends den psychischen Druck, indem er versuchte, mich durch Zwischenbemerkungen, ja sogar durch hämische Kommentare aus dem Konzept zu bringen. Er wollte meine Grenzen ausloten.

So auch diesmal. Ich hatte mit 53 Zehnern in Folge eröffnet. Raimund hatte sich die ganze Zeit über ruhig verhalten, doch jetzt griff er ein. Er versuchte, mit mir ein Gespräch anzufangen. Doch als ich ihm nicht antwortete, schwenkte er um und provozierte mich: „Wetten, daß du es nicht schaffst, noch mal eine Zehn zu schießen, die letzte war ja schon reine Glückssache!"

Raimund schaffte es tatsächlich. Ich schoß nicht nur eine Neun, sondern gleich drei! Ich war außer mir, im wahrsten Sinne geladen, um nicht zu sagen aggressiv. Raimund interessierte das offenbar wenig. Als ich ein wenig Abstand gewonnen hatte, gelang es mir, etwas nüchterner mit dem Problem umzugehen: Ich bin noch nicht bereit, 600 zu schießen. Doch ich werde alles dransetzen, um dorthin zu kommen.

Da in Athen mit Wind zu rechnen war, hatten wir uns Windfahnen gebastelt und Ventilatoren auf die Schießbahn gestellt, um Wind aus verschiedenen Richtungen und mit unterschiedlicher Stärke zu simulieren. Es dauerte ein Weilchen, bis wir eine vernünftige Einstellung dazu finden konnten. Doch nun waren wir auf den Worldcup gut vorbereitet.

Raimund konnte aus Kostengründen leider nicht mit dabei sein. Aber er legte mir ans Herz, ihn anzurufen, falls irgend etwas nicht passen sollte. Das war gut zu wissen.

Vorgeschmack auf die Olympischen Sommerspiele: der Worldcup in Athen

Alles verlief sehr viel unkomplizierter als bei der Reise nach Barcelona. Wir, die deutschen Teilnehmer, erreichten ohne nennenswerte Schwierigkeiten unser Hotel in Athen, ja wir erhielten für die Fahrt vom Flughafen zum Hotel sogar Polizeischutz. Wie wir später erfahren sollten, probte man beim Worldcup die Sicherheitsvorkehrungen und Organisationsabläufe für die Spiele im August. Wir wurden provisorisch akkreditiert und mußten einige Kontrollen über uns ergehen lassen.

Da ein erstes freies Training auf dem Plan stand, nutzte ich die Gelegenheit und begutachtete zunächst einmal die neugebaute Schießanlage. Es ist ein immenser Bau, der alle Komplexe unterirdisch über lange Gänge miteinander verbindet. Ein Betonbunker, der immer kälter und unfertiger anmutet, je tiefer man in ihn eindringt. Die Waffenkammer befindet sich genau unter der Finalhalle. Man braucht so gute fünf Minuten vom Schießstand zur Waffenkammer und wieder zurück – theoretisch. Da nur spärlich Wegweiser angebracht sind, kommt es anfangs nicht gerade selten vor, daß man sich immer wieder verläuft.

Deshalb zwei Tips: Grundsätzlich gibt es zwei Möglichkeiten, um von unten zum Schießstand zu gelangen. Entweder quält man sich über enge Treppen nach oben oder man benutzt einen Aufzug, was allerdings nicht ganz ungefährlich ist. (Ein deutscher Trainer sollte tatsächlich steckenbleiben.) Und die Toiletten erst! Für spätere Zuschauer könnte die Suche schon mal brenzlig werden. Zwar befindet sich neben jeder Treppe eine einzelne Toilette, doch der Hinweis „Staff only" („Nur für das Personal") ist ebenso entmutigend wie die Tatsache, daß sie zumeist besetzt ist. Die Toiletten für die Athleten hingegen befinden sich zwei Stockwerke unter dem Schießstand in einem etwa 200 m langen Gang. Es ist nicht ausgemacht, daß man tatsächlich die richtige Tür erwischt, denn auch hier fehlt jede Art der Beschilderung. Ein kleiner Trost zum

Abschluß: Nachdem man sich dutzendmal in diesem Gebäude verlaufen hat, weiß man endlich auch, wo sich die Umkleideräume für die Athleten befinden. Nur sollten diese kaum genutzt werden, da der Weg dorthin viel zu weit ist.

Doch nun zum Schießstand selbst: Zunächst einmal stellte ich fest, daß der Boden, auf dem wir schießen sollten, alles andere als eben war und die rutschigen Matten allzusehr nachgaben. Dafür waren die Scheiben in Ordnung und der Hintergrund nicht zu dunkel. Man konnte erkennen, daß sich die Windfahnen schon bei geringem Wind deutlich bewegten. Also legte ich mich einfach mal hin und versuchte, die optimale Position zu finden. Dies gelang mir erst nach drei Versuchen. Ich schoß jede Stellung an, um mich mit dem Stand und den Bedingungen vertraut zu machen. Was die Temperaturen anbelangt, so war es entsprechend der Jahreszeit noch nicht allzu warm, doch ich konnte mir jetzt schon gut vorstellen, welche Gluthitze hier im August herrschen würde.

Am nächsten Tag sollte – zur Vorbereitung auf den eigentlichen Wettkampf – ein offizielles Training und im Anschluß daran noch ein Eliminationswettkampf stattfinden. In besagtem Training beschränkte ich mich auf die Liegendposition, denn nur in dieser meiner Lieblingsposition hatte ich mich ja für die Ausscheidung qualifiziert. Zudem betrieb ich keinen großen Trainingsaufwand. Ich versuchte lediglich, zügig einen Wettkampfrhythmus zu finden und dabei auch den Faktor Wind mit einzubeziehen.

Raimud und ich hatten im Vorfeld festgelegt, daß Claudia Kulla mich während der Wettkämpfe beobachten solle. Ich kannte sie noch aus der Juniorenzeit, als ich bei ihr im Kader war. Hier in Athen freute ich mich darüber, mit ihr eine kompetente Ansprechpartnerin zu haben. Und so ging ich nach dem Training auf sie zu, um mich mit ihr auszutauschen und eine Taktik festzulegen.

Als am nächsten Morgen der Wecker klingelte, war ich relativ gelassen – trotz Eliminationswettkampf. Bei dieser Art von Wettkampf fällt eine gewisse Anzahl der Schützen heraus, so daß die besten vierzig den Hauptwettkampf unter sich entscheiden. In der Regel reicht zum Weiterzukommen ein Ergebnis um 591. Aber manchmal erwischt es einen schneller, als man denkt. So auch mich bei den Weltmeisterschaften 2002: Ich blieb in meinem Durchgang einen Ring unter dem Cut und war somit ausgeschieden. Doch das war Schnee von gestern. Diesmal war ich nicht nur in einer guten Verfassung, sondern war mir meiner Sache sogar ganz sicher.

Es war ein windiger Tag und insofern nicht zu vergleichen mit den Trainingstagen zuvor. Als ich meine Utensilien soweit gerichtet und mich umgezogen hatte, setzte ich mich auf einen Stuhl, drückte mir den Kopfhörer meines MP3-Players in die Ohren und sah einfach stur auf den Wind. Ich beobachtete ihn etwa 15 Minuten lang. Er kam zumeist von rechts, um dann hin und wieder zu drehen, ganz schnell und ohne irgendeine Vorankündigung. Wie stark er sich letztendlich auf die Ergebnisse auswirken würde, vermochte ich nicht abzuschätzen. Jedenfalls brauchte ich im Probeschießen ganze 20 Schüsse, bis ich mich auf den Wind eingestellt hatte. Die Devise lautete deshalb: Kommt der Wind von links oder hängen die Fahnen, darf ich auf keinen Fall schießen, er ist dann unberechenbar. Mit dem Wind von rechts kann ich hingegen recht gut umgehen.

Nun fing ich an. Ich fand in einen zügigen Rhythmus und konnte die ersten beiden Serien ohne Probleme schießen. Zwar hatte ich mir zwei Hochschüsse eingefangen, weil ich nicht richtig geatmet hatte, aber ich war auf Kurs.

Nach Schuß 32 legte ich eine Pause ein. In dieser kurzen Zeit begann der Wind sich zu verändern, er kam jetzt immer häufiger von links und die Windpausen wurden zunehmend länger.

Ich legte mich wieder hin, bevor ich das Gefühl für den Wind womöglich ganz verlieren könnte. Nun ging es darum, sich rasch auf die neuen Verhältnisse einzustellen. Das klingt einfacher, als es ist, denn man hat ja keine Probe mehr und jeder Schuß zählt. Ich schoß natürlich ein oder zwei Neuner, das gehört gewissermaßen dazu. Doch da die Grundeinstellung stimmte, konnte ich meinen Wettkampf mit 18 Zehnern in Folge zu einem raschen Ende führen.

Am Ende zählte man 593 Ringe; das würde reichen um weiterzukommen. Der richtige Wettkampf, so muß kurz erläutert werden, sollte erst am Tage darauf ausgetragen werden. Und nur der zählte für die Ausscheidung. Natürlich sprach ich mit Claudia alles Taktische ab.

Die verbleibende Zeit verbrachte ich im Hotel und ruhte mich aus. Abends telefonierte ich noch einmal mit Raimund. „Du kannst es, wir haben es immer wieder trainiert. Also zeig' allen, was in dir steckt!" waren seine Worte. Ich wußte, was ich zu tun hatte.

Nach einem eher spärlichen Frühstück, das Essen im Hotel war miserabel, ging ich noch ein wenig in der Stadt spazieren, um mich abzulenken, denn der Wettkampf sollte erst um 14 Uhr beginnen. Ich hatte sogar noch Spielraum für einen Spaziergang zum Strand. Doch da der Bus ausgerechnet heute 20 Minuten länger als gewöhnlich für die Rückfahrt benötigte, brach die Hektik aus. Ich erreichte genau eine Stunde vor Wettkampfbeginn den Stand. Eine Viertelstunde später, und ich hatte auch mein Gewehr zur Stelle. Ich beeilte mich mit meinen Vorbereitungen, so daß ich mich wenigstens noch 10 Minuten hinsetzten konnte, um den Wind zu beobachten. Claudia konnte mir gerade noch „Gut Schuß" wünschen, da wurde auch schon das Startzeichen gegeben. Los ging's.

Der Wind war ähnlich wie am Tage zuvor, nur daß er noch häufiger wechselte. Ich schoß mich auf die hängenden Fahnen ein und hielt vor. Es funktionierte. Also stellte ich auf Wettkampf um.

Die erste Serie begann sehr vielversprechend mit 9 Zehnern in Folge. Doch dann wurde ich etwas lässig und schoß 2 Neuner hintereinander. Damit war klar, daß ich auch mit der zweiten Serie die 100 nicht mehr schaffen würde. Nach dem 16. Schuß stand ich auf. Danach lief es wieder – über 20 Zehner am Stück.

Ab jetzt ging es richtig zur Sache: Der Wind blies immer heftiger und wurde immer unkontrollierbarer. Man spürte ihn oft im Gesicht, was einer Aufforderung gleichkam: „Auf keinen Fall schießen". Ich hingegen: „Schnell fertig werden, bevor ich den Faden verliere." Also legte ich einen Zahn zu, was mir zwei weitere Neuner einbrachte – ich hatte den Wind unterschätzt. Immerhin gelang es mir, die letzte Serie noch voll zu schießen.

Mit 596 stand ich auf und haderte mit mir selbst. Claudia indes gratulierte mir und unkte, daß alle anderen erst noch fertig schießen müßten. Und tatsächlich! Die meisten Schützen verloren Ringe innerhalb der letzten Serie, so daß am Ende nur ein Schütze vor mir landete. Ich zog als zweiter und einziger Deutsche ins Finale ein.

Jetzt war ich richtig „heiß". Wie schon beim Worldcup 2002 in Atlanta hieß mein unmittelbarer Konkurrent auch diesmal Guy Starik. Damals lag er vorne, doch ich kam von hinten und überholte ihn. Diesen Erfolg wollte ich unbedingt wiederholen.

Die Finalhalle war die größte, die ich je gesehen hatte. Sie war geradezu überdimensional. Da kam ich mir als Schütze richtig verloren vor. Auch hatte ich beim ersten Einrichten gewisse Orientierungsprobleme. Die Probe war dennoch gut, und ich fand schnell meinen Rhythmus.

Der erste Schuß war der schlimmste. „Jetzt bloß keine Fehler machen", schoß es mir durch den Kopf. Glücklicherweise lief alles (fast) glatt. Ich schoß 10 Zehner, aber nicht die hohen, die ich gebraucht hätte. Ich rutschte sogar noch einen Platz nach hinten. Der dritte Platz war nicht geplant, und doch war ich hochzufrieden: Ich hatte die ersten 20 Punkte für die Ausscheidung in der Tasche und einen respektablen Vorsprung vor meinen weiteren Mitstreitern.

Das erste, was ich nach Dopingkontrolle und Pressekonferenz tat, war, mit meinem Trainer zu telefonieren. Der sonst so ruhige Raimund ließ einen Freudenschrei los. Er freute sich ebensosehr wie ich. Am nächsten Tag war Training angesagt. Mich erwartete ja noch der Dreistellungskampf. Ich durfte zwar nicht an der Olympiaausscheidung im Dreistellungskampf teilnehmen, da ich mich als Viertplazierter hierfür nicht qualifiziert hatte, wohl aber den Eliminationswettkampf mitschießen und zeigen, daß mit mir immer zu rechnen ist.

Im Training beschränkte ich mich auf die Stellungen stehend und kniend. Ich hatte nicht soviel Zeit, alles zu trainieren. Das Stehendschießen hatte mir in den Wochen zuvor sehr zu schaffen gemacht, heute klappte es überraschend gut. Das Kniendschießen war wie immer gut. – Programmwechsel. Am Nachmittag war Stadtgang angesagt. Wir suchten die wichtigsten Sehenswürdigkeiten auf, die Akropolis und weitere „Steinhaufen" dieser Art. Denn keiner wußte zum jetzigen Zeitpunkt, ob wir im August noch einmal in die griechische Hauptstadt kämen und dann auch Zeit zum Flanieren mitbrächten. Da der Eliminationswettkampf am nächsten Tag erst um 13:00 Uhr beginnen sollte, konnte ich sogar etwas ausschlafen.

Ich war noch richtig motiviert vom Liegendschießen, obwohl ich nichts zu gewinnen hatte außer der Ehre. Ich wollte einfach einen ordentlichen Wettkampf schießen. Und das tat ich. Das Liegendschießen war kein Problem, 398 Ringe. Für das Stehendschießen hatte ich mir vorgenommen, nicht anzufangen, bevor ich mir nicht hundertprozentig sicher war. Ich schoß etwa 25 Schüsse Probe und baute den Anschlag noch einmal neu auf. Dann war ich mir wirklich sicher. Ich fing konstant an, schoß immer Neuner und Zehner im Wechsel, bis ich in der dritten Serie patzte: eine Acht! Trotzdem schaffte ich es insgesamt noch auf respektable 95 Ringe.

Dann kam die letzte Serie. Gleich zu Beginn fiel mir eine Kugel herunter. Da ich nur noch eine genau abgezählte Anzahl in der Schachtel und keine Reserve mehr hatte, mußte ich irgendwie an die Kugel herankommen. Nun lag sie aber so ungünstig, daß ich dazu den Anschlag hätte auflösen müssen. Ich schoß also weiter. Eine Zehn nach der anderen. Doch irgendwie lenkte mich das Problem der fehlenden Kugel vom Ergebnis ab.

Nach der sechsten Zehn legte ich schließlich ein Pause ein. Der Zufall wollte es, daß gerade in diesem Moment die Standaufsicht, ein älterer Herr, vorbeilief. Ich rief ihn zu mir, denn nur er durfte den Stand betreten. (Claudia, die sich schon eine geraume Zeit hinter mir aufhielt und den Vorfall beobachtet hatte, hätte mir nicht helfen dürfen.) Er hob die Kugel auf und wischte sie sogar noch ab. Ich steckte sie in eine freie Ecke der Schachtel, um mit ihr den letzten Schuß zu bestreiten. Da schoß mir auf einmal das Ergebnis durch den Kopf, ich verlor meine Konzentration – und verriß den nächsten Schuß. Eine Sieben, auch das noch! Es hätte nicht viel gefehlt und ich wäre am Stand „ausgeflippt". Doch irgendwie schaffte ich es, mit drei Zehnern auszuschießen und insgesamt 97 Ringe zu erzielen – dafür, daß eine Sieben dabei war, eigentlich ein ganz passables Ergebnis!

Der ältere Herr hatte alles mitangesehen. Er kam wieder zu mir, aber diesmal um sich zu entschuldigen. Ich wußte damit nicht so recht etwas anzufangen, also fragte ich nach. Der ältere Herr dachte, daß die Kugel, die er aufgehoben und abgewischt hatte, die Sieben zum Ergebnis gehabt hätte.

Für das Kniendschießen hatte ich mir dann ein Ergebnis um Mitte 380 vorgenommen. Ich kam gut rein, machte aber am Anfang noch ein paar kleine Fehler. Ich konnte mich steigern und beendete schließlich meinen Wettkampf mit insgesamt 1.166 Ringen. Ich war Viertbester in meinem Durchgang und zufrieden mit mir selbst. Einziger Wermutstropfen: Ich hätte liebend gerne weiter geschossen, da ich gemerkt hatte, daß heute noch mehr drin gewesen wäre. Bedauerlicherweise ließ dies, wie schon gesagt, die Wettkampfordnung nicht zu.

Nach diesem Sportprogramm hatte ich meiner Pflicht Genüge geleistet. Die verbleibende Zeit hatte ich zur freien Verfügung. Und so schaute ich derweil den anderen zu und machte nochmals einen Einkaufsbummel in der Stadt. beschloß ich – die anderen deutschen Teilnehmer waren sogleich mit von der Partie –, noch der, wie sich herausstellen sollte, größten Baustelle der Welt einen Besuch abzustatten.

Am letzten Tag unseres Athen-Aufenthaltes setzten wir uns, wie abgemacht, in die Bahn und machten uns auf den Weg zur Station Irini. Diese sollte laut Plan die Haltestelle für das Olympiagelände sein. Doch eine Station vor Irini erfolgte die Durchsage, daß letztere geschlossen sei und man bereits hier aussteigen müsse. Wir mußten also hinlaufen. Schon von weitem sahen wir, was wir befürchtet hatten: Die Bahnstation war nicht einmal annähernd fertiggebaut. Die Schienen waren verlegt, doch die Dachkonstruktion befand sich noch im Rohbau. Als ich sodann meinen Blick von der Station in Richtung Stadion schweifen ließ, blieb mir fast der Mund offenstehen, so entsetzt war ich.

Ganz Athen war eine Baustelle. So auch die große und moderne Schießanlage Markopoulo, an der während des Weltcups rege gearbeitet wurde.

Zwar hatte ich bereits vieles gehört, aber daß es hier derart wüst aussehen würde, hatte ich nicht erwartet. Meinen Kameraden erging es nicht anders. Und so standen wir einfach nur da und beobachteten stumm das „rege" Treiben. Es dauerte eine Weile, bis wir uns dazu entschließen konnten, das weitläufige Gelände aus nächster Nähe zu begutachten.

Mit unseren provisorischen Akkreditierungen gab es keinerlei Probleme. Wir brauchten sie im Eingangsbereich nur kurz vorzuzeigen, und schon konnten wir im gesamten Areal ungehindert herumspazieren und uns alles ganz genau anschauen. Wir waren sprachlos. Genau hier sollte in nicht ganz vier Monaten das olympische Feuer entfacht werden – es war einfach unglaublich. Überall Baugruben, halbfertige Fundamente, Sporthallen, deren Dachkonstruktionen schon jetzt an einigen Stellen zu rosten begannen, und nur etwa 150 Arbeiter auf der Baustelle, auf der größten Baustelle der Welt.

Am beeindruckendsten aber war das Stadion. Die Tribünen aus Beton waren soweit hergerichtet. Doch das riesige Dach, genauer gesagt seine Einzelteile lagen noch um das Stadion herum auf dem Erdboden verstreut, lediglich zwei große Bögen ragten in die Höhe. Plötzlich hielt uns jemand zurück. Wir verzogen uns, konnten es uns jedoch nicht verkneifen, auf die Schnelle noch ein paar Bilder zu schießen. Ein jeder von uns war skeptisch. Ob die wohl rechtzeitig fertig würden. Ich jedenfalls hoffte es sehr, ich wollte ja schließlich im Sommer wiederkommen.

Zu Hause angekommen, mußte ich Raimund natürlich erst einmal ausführlich berichten. Schließlich ging es darum, die gesammelten, sportlichen wie sonstigen Erfahrungen in die neue Trainingsphase mit einzubeziehen. Die Vorbereitung für den IWK in Pilsen hatte damit bereits begonnen.

Am Abend erwartete mich dann, gewissermaßen zum Trost, eine Belohnung ganz anderer Art: Claudia sprach mich an. Sie hatte meine Entwicklung der letzten Monate beobachtet und war der Meinung, daß ich schon enorme Fortschritte gemacht hätte. Ich sei im Vergleich zu früher viel konsequenter in meinen Aktionen und hätte auch meine Emotionen besser unter Kontrolle.

Nach diesem Sportprogramm hatte ich meiner Pflicht Genüge geleistet. Die verbleibende Zeit hatte ich zur freien Verfügung. Und so schaute ich derweil den anderen zu und machte nochmals einen Einkaufsbummel in der Stadt.

Zu Hause angekommen, mußte ich Raimund natürlich erst einmal ausführlich berichten. Schließlich ging es darum, die gesammelten Erfahrungen in die neue Trainingsphase mit einzubeziehen. Die Vorbereitung für den IWK in Pilsen hatte damit bereits begonnen.

> *Der Internationale Wettkampf in Pilsen – mit welchem Ergebnis?*

Wenn ich in der Vergangenheit die Reise nach Pilsen antrat, konnte ich sicher sein, daß etwas passierte oder eben nicht passierte. Die Einfuhr der Waffen war immer eine zeitraubende Angelegenheit. Mein Rekord lag bei 4 Stunden Wartezeit an der Grenze! Wie würde es uns wohl diesmal ergehen? Es war so heiß und wir hatten keine Klimaanlage im Bus.

Alles lief glatt. Wir, Sven und ich, waren zu zweit unterwegs und konnten an der Grenze einfach durchfahren. Was war das nur für ein komisches Gefühl! Ach richtig, wahrscheinlich gibt es hier einen Zusammenhang, die Tschechei ist ja seit Mai 2004 Mitglied der EU. Aber ansonsten hatte sich nicht viel verändert, Essen und Getränke (sprich Bier) waren so billig wie eh und je. Und auch der Schießstand präsentierte sich nicht anders als sonst: Scheibenkästen mit dünnen Papierscheiben, auf denen man die Schüsse durch das Fernglas kaum erkennen konnte. Aber ich war ja nicht zum ersten, sondern bereits zum vierten Mal in Pilsen und wußte, was mich erwarten würde. Auch an ein Hotel darf man hier keine großen Ansprüche stellen – schlicht und funktionell die Einrichtung: ein hartes Bett, ein kleines Bad, und wenn man viel Glück hatte, ein Fernseher mit ARD-Programm. Doch bei einem kurzen Dreitageaufenthalt war das alles kein Problem.

Zuerst war wieder Liegendschießen an der Reihe. Anders als sonst kam ich diesmal jedoch nicht in den Genuß einer individuellen Betreuung: Raimund war unabkömmlich, weil er den Landeskader leiten mußte, und unser Cheftrainer hatte sich hinter seinem Schützling postiert. Aber ich war mir sicher, daß ich es auch so schaffen würde. Ich fragte einen Schützenkollegen, ob er meine Scheiben beobachten und die Schüsse mitschreiben könne, damit wir etwas in der Hand hätten, falls falsch gewertet würde. (So etwas kann bei einer Handauswertung schon einmal vorkommen.)

Auf dem Stand liegen immer noch dieselben gelben Filsmatten wie schon vor vier Jahren. Die Matten an sich sind ja nicht schlecht, aber der Fils löst sich mehr und mehr, so daß man nach dem Schießen überall diese Fusseln hängen hat, die sich nur ganz schlecht wieder entfernen lassen. Beim Training hatte ich getestet, ob ich auch ohne Matte zurechtkäme. Es funktionierte nicht; der Untergrund war dann zu hart.

Das Wetter war nicht gerade einladend, für Pilsener Verhältnisse war es sogar relativ kühl. Morgens zeigte das Thermometer nur etwa 10°C. Im Grunde aber war es mir so lieber, als elend zu schwitzen. Mein Ziel war es, nochmals ins Finale zu kommen. In diesem Fall könnte ich sicher sein, vorne zu bleiben, und so meine Chance wahren, vielleicht als Punktbester in meiner Disziplin zu den Olympischen Spielen fahren zu dürfen.

Ich legte mir eine Taktik zurecht, die ich in ähnlicher Form bereits in Athen ausprobiert hatte. Der Wind war zwar hier in Pilsen weniger stark, aber dafür waren die Lichtverhältnisse schlechter. Es war leicht diesig und das Zielbild verschwamm schnell. Also waren kurze Zielzeiten Trumpf. Ich fing genauso wie in Athen mit zweimal 99 Ringen an. Jedoch sparte ich mir die Pause für die dritte Serie auf. Ich schoß, so zügig es ging. (Man mußte die Scheibe ja jedes Mal per Knopfdruck weiterlaufen lassen.) Als ich zur letzten Serie kam, hatte ich exakt die gleichen Serien geschossen wie unlängst in Athen. Ich kämpfte bis zum Schluß und schaffte wieder 596 Ringe.

Aber Vorsicht! Dieses Ergebnis spiegelt das wieder, was ich sehen konnte. Nun kann man aber, wie schon erwähnt, bei diesen Scheiben nicht genau sagen, wo der Schuß liegt, besonders wenn er knapp ist. Also wertet man alles runter. Mein Beobachter kam so auf 594 plus 2 Ringe. Wir mußten jetzt erst einmal die offiziellen Ergebnisse des zweiten Durchgangs abwarten. Ich nutzte die Zeit, um mich aufzuwärmen, und spielte Karten. Als dann nach zwei Stunden endlich alles klar war, sah ich mich als Achter im Finale. Das Interessante daran: als einziger Olympiakandidat. Ich wußte also schon vor dem Finale, daß mich keiner mehr einholen konnte – und ging voll auf Angriff. Als letzter im Finale hatte ich nichts mehr zu verlieren, sondern konnte nur noch Plätze gut machen. Und das tat ich denn auch. Mit 103,9, wieder nur Zehnern, schob ich mich um einen Platz nach vorne. Ich wurde also Siebter und hatte als einziger Deutscher an beiden Finals teilgenommen. Nach dem Ausscheidungsmodus hatte ich mich damit eindeutig qualifiziert. So, und jetzt kommt's. Nein, es kam zu meinem Ärger gerade nicht!

Ich war gerade dabei, meine Siebensachen zusammenzupacken, als ich auf ein Gespräch zwischen dem Cheftrainer und ein paar Schützen des Landesleistungszentrums aufmerksam wurde. Ein Kollege bemerkte gerade, Christian habe es jetzt wohl geschafft, er sei ja der Beste im Liegendschießen gewesen. Nun, ich war darauf gefaßt, daß unser Cheftrainer nicht positiv reagieren würde. Aber daß er derart ausfällig werden könnte (Seine Worte möchte ich Ihnen lieber nicht zumuten), war absolut schockierend. Nicht nur für mich, den er anscheinend nicht wahrgenommen hatte, sondern auch für die Umstehenden. Ich war fassungslos und verunsichert obendrein, da sich auch der Bundestrainer zum Thema „Qualifikation" bedeckt hielt.

Ich schlief in dieser Nacht nicht besonders gut. Als ich am Morgen aufwachte, fühlte ich mich auf gut Deutsch erschöpft. Der Cheftrainer hatte sein Ziel erreicht. Ich war total durch den Wind, ich wußte nicht, ob ich mich freuen durfte, oder ob der ganze Aufwand für die Katz war. Irgendwie hatte ich das Gefühl, daß er an der Sache noch zu drehen versuchte, zu meinem

Nachteil natürlich. Und in dieser Wirrnis sollte es mir nun, an ebendiesem Morgen gelingen, völlig problemlos auch noch den 3x40-Wettkampf, der gleichfalls nicht für die Ausscheidung zählen würde, mit einem ordentlichen Ergebnis zu schießen.

Zu allem Übel war es an diesem Tag auch noch unerträglich kalt. Man sah den Atem vor dem Gesicht aufsteigen und es schüttete wie aus vollen Kübeln. Herrlich. Ich hatte gar keinen Plan und war bei jedem Schuß unsicher, ich schoß wie ein Anfänger. Ich hätte dringend Hilfe gebraucht. Aber ich biß und schaffte es immerhin zu einem Ergebnis an der untersten Grenze.

Als ich zusammenpackte und meine Sachen ins Auto lud, kam der Bundestrainer auf mich zu und kündigte eine Besprechung im Restaurant noch vor der Abfahrt an. Ich war auf gewisse Weise erleichtert, hoffte ich doch, jetzt endlich mehr zu erfahren.

Maik hatte sich im 3 x 40 mit einem zweiten Platz seine Qualifikation verdient. Er war genauso wie Sven, Ferdinand und ich auf den Kommentar des Bundestrainers gespannt. Doch er sagte nur, wie aus seiner Sicht die Ausscheidung gelaufen war, und wollte auch unsere Meinung zum Modus wissen. Als ich mir im Anschluß daran erlaubte, nachzuhaken, welche Schützen denn nun eigentlich nach Athen reisen dürften, wich er mir aus. Wir würden am Dienstag Bescheid bekommen, da die Luftgewehrausscheidung noch im Gange sei. Es war gerade Freitag. Wir sollten uns also noch mehrere Tage in Geduld üben. Ich war frustriert.

Danach sprach der Bundestrainer noch – im Hinblick auf die darauffolgende Woche – das Thema „Rangliste" an. Ich erklärte ihm, daß ich daran nicht teilnehmen würde, da ich das Wochenende dringend zum Lernen bräuchte. Ich hätte den Stoff von vier Wochen Studium aufzuarbeiten und mich auf eine

Vielzahl von Klausuren vorzubereiten. Ich versuchte ihm weiterhin klarzumachen, daß ich – bei aller Liebe zum Schießsport – meine berufliche Karriere nicht völlig aus den Augen verlieren durfte. Vergebens. Der Bundestrainer beharrte auf seiner Position. Das war zuviel. Ich verabschiedete mich, setzte mich ins Auto und fuhr los.

Ich konnte nicht mehr klar denken und rief erst einmal zu Hause an, um zu sagen, daß ich mich auf dem Heimweg befände. Sie fragten natürlich auch, wie es ausgegangen sei. Ich sagte nichts und vertröstete sie auf später. Dann rief ich Raimund an. Ich erzählte ihm alles. Ich war den Tränen nahe, so enttäuscht und verunsichert war ich. Er versuchte, mich zu beruhigen, und bat mich, ihn noch einmal anzurufen, wenn ich zu Hause sei. Doch noch war ich unterwegs, alleine, und ich verbiß mich immer tiefer in den Gedanken: „Wie würde die ganze Sache nur ausgehen, ja wie nur?"

Zu Hause angekommen ließ ich mich in unsere Wohnzimmercouch fallen. Meine Eltern sahen mir sofort an, daß etwas nicht stimmte. Ich erzählte ihnen die Geschichte. Sie waren nicht gerade begeistert. Ich ging früh ins Bett und versuchte, mich irgendwie etwas abzulenken. Am nächsten Morgen erhielt ich eine SMS von Maik, der noch in Pilsen geblieben war, um Luftgewehr zu schießen. Angeblich hatte der Bundestrainer angedeutet, daß Maik alle drei Disziplinen schießen solle, Thorsten nur Luftgewehr und ich nur Kleinkaliber. – Als ob er das nicht auch schon in unserer Besprechung hätte sagen können!

Mir ging es psychisch erst besser, als am Dienstag endlich der Bundestrainer bei mir zu Hause anrief. Mir fiel ein Stein vom Herzen. Ich war dabei. Ärgerlicherweise kam er aber noch im selben Atemzug auf die Sache mit der Rangliste in München zu sprechen. Er wolle unbedingt mit mir die weitere Planung durchgehen. Ich fühlte mich enorm unter Druck. Nach einer Weile, was hätte ich sonst auch tun sollen, stimmte ich zu.

Ich fuhr nach München – wegen einer zehnminütigen Besprechung. Drei Tage verbrachte ich in München, damit sich der Bundestrainer, jawohl, ganze zehn Minuten Zeit für mich nahm. Ich hätte daheim bleiben und lernen sollen. Mit diesem „Frust" im Bauch gelang natürlich auch nichts beim Schießen. Was wiederum nicht dazu beitrug, meine Laune zu heben. Ich hatte mich qualifiziert, weshalb sollte ich dann im Hinblick auf eine Rangliste schießen, und noch dazu so kurz nach der Ausscheidung. Eigentlich wäre erst einmal eine Trainingspause angesagt gewesen. Ich ließ ihn spüren, daß ich äußerst unzufrieden war. Er wiederum deutete mein selbstbewußtes Auftreten als Überheblichkeit.

Wenn ich so darüber nachdenke, war das der Anfang einer Reihe von Ereignissen, mit denen ich nicht gerechnet hatte. Immer wieder wurden Maßnahmen ergriffen, die uns nicht in unsere Trainingsplanung paßten und unnötige Urlaubstage und Trainingsstunden zu Hause kosteten. Es war wohl alles gut gemeint, aber es wäre vielleicht ratsamer gewesen, diese Maßnahmen vorher mit uns Sportlern abzusprechen. Denn nicht jeder von uns hat die Zeit bzw. die Freistellungsmöglichkeiten, über die ein Mitglied der Sportfördergruppe verfügt.

Als wir uns das nächste Mal zum Training trafen, entschieden wir, Raimund und ich, uns auf besagte Maßnahmen einzulassen, statt einen Konfrontationskurs einzuschlagen, der nur noch mehr an meinem Nervenkostüm genagt hätte. Dem gegenüber standen Raimunds Trainings, die ganz auf meine Bedürfnisse zugeschnitten waren. Wir versuchten, jeden freien Tag zu nutzen, gönnten uns aber zu gegebener Zeit die eine oder andere „Verschnaufpause". Man kann schließlich nicht das ganze Jahr über Topleistung bringen und dann auch noch bei ausgewählten Wettkämpfen den Anspruch an sich stellen, die eigene Bestleistung überbieten zu wollen.

Ich hatte Verbindung zu der Firma Meyton aufgenommen und angefragt, ob man mir eine elektronische Anlage zwecks besserer Vorbereitung auf die Olympischen Spiele bereitstellen könne. Diesem Wunsch wurde bereitwillig entsprochen, allerdings dauerte es einige Wochen, bis ich die Anlage dann auch tatsächlich bekam. Ich baute meinen Schießstand so um, daß er mit dem in Athen bereits getesteten weitestgehend übereinstimmte. Doch das war uns noch nicht genug. Die Anpassung an griechische Verhältnisse sollte perfekt sein. Und so simulierten wir im Training hochsommerliche Temperaturen, wie sie mich auf den Spielen in Athen erwarten würden. Zu diesem Zweck besorgten wir uns über meinen Cheftrainer ein paar Heizmatten. Diese wurden vor jedem Liegendschießen vorgeheizt. Ich selbst wickelte mich in die Rettungsdecke aus dem Verbandskasten ein. Wenn ich dann, derartig verpackt, auf den Matten lag, rann – bereits nach einer halben Stunde – der Schweiß in Strömen. Wunderbar. Das war genau das, was wir wollten.

Auch ein Trainer gerät zuweilen ins Schwitzen. Raimund hatte die letzten Wettkämpfe und Trainingseinheiten in eine Tabelle eingegeben und analysiert. In akribischer Feinarbeit wurde wirklich jeder Kleinigkeit nachgegangen, besonders wann ich während der Wettkämpfe meine Pausen genommen bzw. den ersten Neuner produziert hatte. Nun präsentierte er mir seine Ergebnisse, die sich hauptsächlich auf das Liegendschießen bezogen, da wir in dieser Disziplin die größte Chance auf eine Finalteilnahme sahen. Aus den zusammengetragenen Fakten erarbeiteten wir uns sodann in einem zweiten Schritt eine Strategie für das Liegendschießen. Und schließlich fiel mir die Aufgabe zu, diese Strategie einzuhalten und zu verfeinern. Doch wir sollten relativ schnell einen Punkt erreichen, an dem sich meine Leistung nicht mehr steigern ließ.

Dann passierte etwas, das manche Glück, Zufall, Schicksal oder auch Fügung nennen würden. Für mich war es einfach das Richtige zum rich-

tigen Zeitpunkt. Eines Abends fand ich nach dem Training auf meiner Mailbox einen Anruf vor: „Hi Christian, hier ist der Rainer. Ich habe heute ein Zeitungsinterview von dir gelesen, und da gefällt mir eine Aussage von dir absolut nicht. Ruf' mich zurück, ich will dir sagen, um was es geht!"

Rainer, das ist Rainer Hatz, ein Kinesiologe aus Bühl, der sich auf mentales Training und Coaching spezialisiert hat. Wir hatten schon vor längerer Zeit einmal zusammengearbeitet, uns jedoch später aus Zeitgründen etwas aus den Augen verloren. Ich erzählte Raimund von dem Anruf und erzählte ihm auch von meinen guten Erfahrungen mit ihm. Wir waren uns sofort einig. Also rief ich Rainer an und bat ihn um einen Gesprächstermin. Er sagte spontan zu und wir trafen uns zwei Tage später in seiner „Praxis".

Während unserer Unterredung teilte mir Rainer mit, daß er von meinem Erfolg in der Zeitung gelesen habe, er sich mit mir freue, daß ich aber mein Ziel für die Olympiade wohl falsch gesetzt hätte. In jedem Fall wolle er mehr über die Hintergründe erfahren und wissen, was denn in den letzten zwei Jahren so alles passiert sei. Es war komisch, an jenem Abend sprudelte alles geradeso aus mir heraus. Rainer hat irgend etwas an sich, das einen dazu bewegt, aus freien Stücken zu erzählen. Eine Vertrauensbasis brauchte nicht erst aufgebaut zu werden, sie war einfach da.

Doch wir gingen an jenem Abend, der den Beginn einer intensiven Zusammenarbeit markieren sollte, noch einen Schritt, um nicht zu sagen einen Riesenschritt weiter. Wir arbeiteten nämlich bereits an meiner Zielformulierung. Meine ursprüngliche Aussage lautete: „Ich will das Finale erreichen!" Da ich diesen Satz als Glaubenssatz verwendete, der sich in mein Unterbewußtsein einbrannte, bestand das Problem genau darin, daß mir, sollte ich das Finale erreichen, die Energie fehlen würde, um das Finale bestreiten zu können. Schließlich würde der Glaubenssatz mit dem Erreichen des Finals seine Bedeutung verlieren. Daher strickten wir den Satz um. Er lautete jetzt: „Ich will das Finale erreichen und dann ist alles drin!" Somit würde der Energiefluß bis zum Ende des Finals gewährleistet sein. Rainer riet mir, den Satz so oft wie möglich laut auszusprechen, besonders dann, wenn ich auf meine Erwartungen angesprochen würde. Er würde sich auf diese Weise sehr viel schneller im Unterbewußtsein absetzen.

Um keine Mißverständnisse aufkommen zu lassen: Dieser Satz entstand nicht, weil Rainer es so wollte, sondern weil ich ihn selbst gewählt hatte. Rainer hatte mir nur auf die Sprünge geholfen. In meinem tiefsten Inneren wollte ich mehr, als bloß das Finale erreichen. Nur traute ich mich zum damaligen Zeitpunkt nicht, entsprechendes zu äußern. Schließlich hätte meine Leistung noch nicht für einen Spitzenplatz gesprochen. Insofern war die neue Zielformulierung für mich stimmig. Oder, um es mit Rainers Worten auszudrücken: „Es ist gut, einen offenen Fokus zu haben. Das Ziel ist vorgegeben und der Druck wird ferngehalten!"

Rainer nahm sich viel Zeit und schaute mir auch beim Schießtraining zu, um daraus, wie er sagt, ein Gefühl für mich und meine Aufgabe zu entwickeln. Angesichts der Tatsache, daß es bis Athen nicht mehr weit war, schlug er vor, bestimmte Phasen – vom Betreten der Schießhalle bis zum Abfeuern des Schusses – ins Bewußtsein zu heben, d. h. Bewegungen und Gedanken immer und immer wieder meditativ ablaufen zu lassen. In einem zweiten Schritt wollte er mit mir den Umgang mit Stressoren, und speziell mit solchen, die während eines herausragenden Ereignisses wie einer Olympiade eine Rolle spielen könnten, klären, damit mein Kopf jederzeit für meine eigentliche Aufgabe frei sei.

Das erste, das ich von Rainer übernahm, war das regelmäßige Trinken. Während einer zweistündigen Sitzung bei ihm kam es vor, daß ich eine 1,5-

Literflasche Wasser trank. Was er demonstrierte, war absolut einleuchtend: Bei extrem anstrengender Kopfarbeit erbringt das Gehirn Höchstleistung, braucht hierzu jedoch Energie in Form von Wasser. Auch Raimund hatte mir dies schon gesagt. Aber manchmal ist es einfach so, daß es zweier verschiedener Quellen bedarf – nicht damit man etwas glaubt, sondern damit man es auch umsetzt! Ab sofort spielte also das Trinken in meinem Training eine wichtige Rolle. Immer wenn ich merkte, daß meine Aufmerksamkeit nachließ, nahm ich einen Schluck aus meiner Wasserflache. Und siehe da, ich war viel konzentrierter bei der Sache, ja, die erzwungenen Pausen, in denen ich trinken mußte, wirkten sich zusätzlich auf meine Ruhe aus. Ich konnte so wesentlich entspannter schießen. Veränderungen, die sich derart rasch im positiven Sinne auswirken, motivieren natürlich ungemein und machen gierig nach mehr.

Das Schöne an der Zusammenarbeit war auch, daß es mit Rainer einen Außenstehenden gab, der einfach immer bereit war zuzuhören, wenn ich von meinen Gedanken und Sorgen erzählte. Die Erfahrung, die ich hierbei machte, war faszinierend: Immer wieder nutzte Rainer meine „alten" Äußerungen und verknüpfte sie derart, daß es mir so vorkam, als ob ich die Einsicht in die Dinge, die ich heute mit ihm besprach, bereits gestern ganz alleine gewonnen hätte. Ich glaube, so könnte man unsere Gespräche zusammenfassend beschreiben.

Der Eindruck mag vielleicht täuschen . In erster Linie redeten wir nicht über persönliche Probleme, sondern arbeiteten unterstützende Maßnahmen aus. So bauten wir insbesondere an einem imaginären Haus mit der Absicht, daß alles, was ich für erfolgreiches Schießen bräuchte, ins Haus aufgenommen, alles andere hingegen ausgeschlossen werden sollte. Ich mußte mir auch vorstellen, wie mein Haus aussehen, wie Wände und Türen beschaffen sein könnten. Unter Rainers Anleitung verbesserte ich das Haus zusehends. Als es soweit stand, machten wir uns daran, das Interieur – wichtige Eigenschaften, die ich für das Schießen bräuchte – auszuarbeiten. Wir versuchten, jede Eigenschaft mit einem Erlebnis zu verbinden, und prüften, ob das Ergebnis stimmig war.

Viel Zeit wandten wir auch auf, um in den richtigen Zustand für das Schießen zu gelangen. Alles wurde immer wieder von Emotionen aus dem „Verhaltensbarometer" begleitet. Über diese Schautafel, welche die Verkettung von Emotionen aufzeigte, kamen die „Aha-Erlebnisse" – aha, jetzt habe ich kapiert, was bei mir drinnen, im Kopf abgeht – wie von selbst. Dabei las Rainer nur blockierende und fördernde Gefühle vor, erklärte sie ausführlicher, stellte dar, wie sie miteinander zu verbinden seien – und automatisch hatte ich den passenden „Film".

Bei Rainer lernte ich darüber hinaus, daß es nicht hilft, negative Gedanken oder Störungen während des Wettkampfes zu verdrängen. Denn, selbst wenn man sie verdrängt, sind sie nicht weg. Es geht vielmehr darum, die jeweilige Situation anzunehmen und klar zu entscheiden, was zu tun ist.

All diese neu gewonnenen Einsichten und Erfahrungen baute ich in mein Training ein. Meine Leistung im Liegendschießen und im Dreistellungskampf schoß auf einmal in die Höhe. Ich wurde mir allmählich meines Könnens bewußt, gewann an Selbstvertrauen und Selbstsicherheit. Wir waren auf dem richtigen Weg. Raimund und ich waren uns mittlerweile einig, daß der Satz „Dabei sein ist alles" für uns nicht galt. Doch ich will mich jetzt nicht an diesem Thema festbeißen, es wird im dritten Teil des vorliegenden Buches aus Rainers Sicht noch ausführlich behandelt.

Mein Trainingspensum lag mittlerweile bei über 25 Stunden pro Woche. Die berufliche Arbeit, weitere 41 Stunden, war dennoch zu leisten. Ich sah meine Freundin nur noch abends und meistens weckte ich sie, wenn ich fix und fertig vom Training nach Hause kam. Das war für uns beide keine einfache

Zeit. Aber ich hatte ein Ziel vor Augen, das nur ganz wenige jemals erreichen würden, und das half über vieles hinweg. Auch hierüber sprach ich mit Rainer, und er sagte mir immer, wenn es mal wieder an der Zeit war, eine kleine Trainingspause einzulegen, damit ich auch noch ein bißchen Spielraum für mich selbst hätte. Ja, wir drei, Raimund, Rainer und ich, ergänzten uns prima, jeder nahm auf mich und meine hohe Belastung Rücksicht, ohne unser großes Ziel aus den Augen zu verlieren.

Bei der Pressekonferenz des Landesleistungszentrums wurde auch ich auf meine Erwartungen hin angesprochen. Ich antwortete im Brustton tiefster Überzeugung: „Ich will das Finale erreichen, dann ist alles drin!" – und fügte, nicht weniger offensiv, hinzu: „Und das schaffe ich auch!" Auf einmal herrschte Totenstille im Raum. Dann ein verhaltenes Klatschen aus der letzten Reihe, schließlich Beifall von allen Seiten. Nur der Cheftrainer verzog sein Gesicht. Mit soviel Selbstvertrauen hatte er wohl nicht gerechnet. Viele kamen nach der Pressekonferenz auf mich zu, sie bewunderten meinen Mut und wünschten mir viel Erfolg. Das machte mich mächtig stolz.

Auf dem Heimweg erzählte mir Raimund dann, es habe da jemanden gegeben, der mich zurechtgewiesen hätte. Ich solle den Mund nicht gar so voll nehmen. – Das darf doch wohl nicht wahr sein, der hat ja gar keine Ahnung vom Sport!

Dann kam noch so eine Geschichte, die mich für zwei Tage aus der Bahn werfen sollte. Ich wollte nach England fliegen, um in Birmingham beim Munitionshersteller Eley Munition zu testen. Meine aktuelle war ja ausgegangen und ich brauchte eine Topmunition für die Olympischen Spiele. Nun ist das bei uns Sportschützen nicht so einfach. Jeder Lauf ist etwas anders, ein Unikat, genauso wie jede Munitionsserie spezielle Eigenschaften hat. Es gilt also, die beste Kombination zu finden, um die Streuung möglichst klein zu halten. Das geht am besten direkt beim Hersteller, denn der hat richtige Testmaschinen und eine große Auswahl an Serien.

Ich kaufte mir also ein Flugticket und begab mich nach Frankfurt an den Flughafen. Matthew, ein Vertreter von Eley, hatte mir freundlicherweise alle nötigen Papiere für die Einfuhr der Waffen besorgt. (Das ist in England leider nicht ganz unkompliziert, man muß sich bereits vier Wochen vorher anmelden.) Und so hatte ich nun meinen Gewehrkoffer und eine Munitionskiste bei mir, mit der ich ein paar Schachteln mit nach Hause transportieren wollte.

Am Check-In-Schalter gab es keinerlei Probleme, ich war ja schon des öfteren mit Waffen geflogen. Ich nahm also im Flugzeug Platz und nach einer Stunde und zwanzig Minuten Flug war ich auch schon in Birmingham.

Voller Hoffnung, eine geeignete Munition für die Spiele zu finden, zog ich los, um mein Gewehr beim Sperrgepäckschalter abzuholen – es war nicht da. Es sei noch in Frankfurt, sagte man mir dann am Serviceschalter, es würde aber mit der nächsten Maschine in zwei Stunden eintreffen.

Ich ging nach draußen. Dort erwartete mich Matthew schon voller Ungeduld. Ich erzählte ihm alles, und wir beschlossen, in der Nähe des Flughafens essen zu gehen und danach das Gewehr abzuholen. Aber das klingt ja alles gar nicht so schlimm. – Abwarten!

Wir fuhren wieder zum Flughafen. Wieder kein Gewehr. Man versicherte mir aber, daß es mit der Abendmaschine ankommen würde. Also gingen wir an den Ticketschalter und buchten meinen Flug auf abends um, da wir am nächsten Morgen Zeit zum Testen benötigten. Von dieser Verzögerung war ich natürlich nicht gerade angetan, ganz im Gegenteil. Ich hatte „einen dicken Hals", denn ich war für den folgenden Tag eigentlich schon verplant. Aber was soll's.

Wir fuhren zur Firma und Matthew machte eine Führung durch die Produktion. Es war interessant, der Herstellungsprozeß läuft ganz anders ab, als ich es mir vorgestellt hatte. Am Abend fuhren wir dann zum dritten Mal zum Flughafen, doch, wie schon befürchtet, war die Waffe immer noch nicht da. Mittlerweile wußte auch überhaupt niemand mehr, wo sich mein Koffer mit dem Gewehr befand. Frankfurt sagte, er sei schon morgens in der Maschine gewesen, und in Birmingham hieß es, daß er nie angekommen sei. Das war zu viel für mich. Wir beschlossen, noch die Nachtmaschine abzuwarten und dann neu zu entscheiden.

Matthew brachte mich ins Hotel und nahm meine Papiere mit. Er wollte zum Flughafen fahren und sich alleine um die Angelegenheit kümmern. Ich war froh, eine Verschnaufpause zu haben, legte mich aufs Bett und schaute ein wenig fern, als etwa gegen 22.30 Uhr mein Mobiltelefon klingelte. Es war Matthew. Das Gewehr sei immer noch verschwunden. Ich bat ihn, die Umbuchung des Rückfluges rückgängig zu machen, ich könne von Frankfurt aus mehr ausrichten als von hier.

Ich hatte schlecht geschlafen und lustlos gefrühstückt. English Breakfast ist auch unter anderen Umständen nicht mein Ding. Gegen 8 Uhr holte mich dann Matthew ab. Wir begaben uns noch einmal zu seiner Firma. Immerhin konnte ich ihn dazu überreden, mir ein paar Serien mitzugeben. Ich wolle sie zu Hause testen, vorausgesetzt mein Gewehr würde jemals wieder auftauchen. Und so gab mir Matthew 8 Serien für jeweils 100 Schüsse mit auf den Weg.

Wir brachen ein letztes Mal in Richtung Flughafen auf. Um 11:05 Uhr sollte mein Flieger starten. Bevor ich zum Check-In ging, schauten wir sicherheitshalber noch einmal am Gepäckservice vorbei, vielleicht war der Gewehrkoffer ja doch irgendwie aufgetaucht. Fehlanzeige.

Den Rückflug konnte ich trotz Erster Klasse nicht genießen. In Frankfurt angekommen, begab ich mich, zusammen mit einem Flughafenmitarbeiter, sogleich auf die Suche. Erst an diesem Tag erfuhr ich leibhaftig, wie viele Gepäckaufbewahrungsräume und Zollstationen es alleine im Terminal 1 gibt! Unsere Suchaktion zog sich über vier Stunden hin, auch sie blieb ergebnislos.

Ich bezahlte die Parkgebühren („Mich haute es fast aus den Schlappen!") und setzte meine Heimreise fort. Ich informierte alle, die mir einfielen. Zuerst natürlich Raimund. Der war vollkommen sprachlos. Das Gewehr war weg, mit allem Zubehör. Was jetzt?

Schnelles Handeln war angesagt. Innerhalb kürzester Zeit bräuchte ich eine neue Ausrüstung, mit allem, was so dazu gehörte. Ich informierte meinen Bundestrainer, der sich umgehend mit dem Deutschen Schützenbund in Verbindung setzte, um die nötigen Mittel zu beantragen. Dann rief ich meinen Gewehrhersteller an, auch er reagierte prompt. Er begab sich sofort in den Keller, um für mich einen neuen Lauf auszusuchen.

Es war Samstag, gerade mal sechs Wochen vor den Olympischen Spielen, und ich befand mich am Tiefpunkt. Es braucht eine gewisse Zeit, bis man ein neues Gewehr richtig eingestellt hat, dessen war ich mir vollkommen bewußt. Und so ging mir immer und immer wieder der Gedanke durch den Kopf, wieso das alles ausgerechnet jetzt passieren mußte . Am Abend war ich auf einen Geburtstag eingeladen. Ich hatte so wenigstens Gelegenheit, mir meinen „Frust" runterzuspülen.

Als ich am nächsten Morgen nach Hause kam, lag mein Gewehr im Hausgang. Lufthansa hatte um 22.30 Uhr angerufen und gefragt, ob man das Gewehr heute noch vorbeibringen könne. Meine Mutter hatte es dann um 0.30 Uhr entgegengenommen. Ich war kolossal erleichtert und gab sofort Entwarnung.

Der alte Zustand war also wiederhergestellt, ich hatte mein Gewehr zurück. Nur fehlte es mir immer noch an ausreichend Munition dazu! Eley hatte mir ja nur 8 Serien mit jeweils 100 Schüssen zur Verfügung gestellt. Ein weiteres Problem bestand darin, daß ich die Munition zu Hause nicht richtig testen konnte, weil ich nicht die technischen Möglichkeiten dazu habe.
Ich bin ein praktisch denkender Mensch, also verknüpfte ich das Notwendige mit dem Nützlichen. Kurzum, ich legte mich hin und testete alle Serien aus der Schulter. Das bedeutete: ein ganzer Tag harte Arbeit. Zuerst gab ich von jeder Serie 20 Schüsse ab – auf diese Weise konnte ich zwei schon aussortieren. Dann schoß ich die restlichen immer gemischt, d. h. ich feuerte nacheinander immer 10 Schüsse pro Serie ab. Nach dem Vergleich der Schußbilder kamen am Abend schließlich zwei Serien in die engere Auswahl. Von jeder hatte ich noch etwa 40 Schüsse übrig, die ich im folgenden Training einsetzen wollte. Ich schoß mit beiden Serien nur Zehner. Warum also nicht beide nehmen?

Ich kontaktierte Matthew, er möge mir die zwei Serien, insgesamt 20.000 Schüsse, so schnell wie möglich zusenden, ich müsse mich mit dieser Munition unbedingt noch auf die Olympischen Spiele vorbereiten. Er sicherte mir zu, den Auftrag umgehend zu bearbeiten. Nun, aus diesem „umgehend" sollten vier Wochen werden. Angeblich war die Palette am Zoll in England hängengeblieben. Also blieb mir nichts anderes übrig, als die Wettkämpfe in Mailand und Barcelona mit der Restmunition zu bestreiten. (Raimund hatte mir aus seinen alten Beständen Munition ausgeliehen; ich hatte keine Ahnung, wie gut oder wie schlecht sie war.) Nun, die Ergebnisse sagten schon alles: Im Schnitt erzielte ich 10 Ringe weniger als gewöhnlich.

Als die Munition dann endlich eingetroffen war (der arme Postbote, der die vier Pakete schleppen durfte!), konnten wir endlich zum Endspurt ansetzen. Wir trainierten die letzten zwei Wochen nur noch mit der neuen Munition. Wie die Ergebnisse auf einmal in die Höhe „schossen", das war einfach phantastisch! In der letzten Vorbereitungswoche schoß ich liegend nur noch Zehner. Gerade zur rechten Zeit. Damit kam ich in der Olympiasaison übrigens auf stattliche 32.000 Schüsse! Es hatte also doch noch alles so funktioniert, wie wir uns das zu Beginn der Saison erhofft hatten.

Wir hatten das letzte Training auf Donnerstag, den 12.8.2004 terminiert – einen Tag später sollten die Olympischen Spiele offiziell eröffnet werden. Ich hatte entschieden, erst am Sonntag nach Athen zu fliegen. Doch wir hatten deshalb nicht vor, viel zu trainieren. Ich schoß jede Disziplin nur an, jeweils um die 30 Schüsse, nicht mehr. Alles paßte. Das motivierte mich ungemein, und ich fing an, so richtig an mich zu glauben. Ja, ich kann es wirklich schaffen, das Finale und vielleicht sogar eine Medaille.

Die verbleibenden Abendstunden verbrachten wir damit, die letzten Vorbereitungen für Athen zu treffen. Wir hatten im Training immer den gleichen Ablauf geübt, speziell das Umschalten von Probe auf Wettkampf. Denn genau darauf kommt es an. Stimmt die Vorbereitung, kann im Wettkampf eigentlich nichts mehr schiefgehen. Während wir noch einmal alles durchsprachen, was wir vereinbart hatten, machte sich Raimund Notizen zu den wesentlichen Punkten, die er an Claudia weiterzugeben beabsichtigte. Er selbst durfte meine Wettkämpfe ja nur von der Zuschauertribüne aus verfolgen, da allein der Bundestrainer eine Akkreditierung bekommen hatte.

Daß Claudia schon vor einiger Zeit ihre Bereitschaft signalisiert hatte, begrüßte ich. Daß Raimund anwesend sein würde und immerhin die Möglichkeit hätte, über Claudia auf mich einzuwirken, gab mir ein Gefühl der Sicherheit – auch wenn wir beide davon überzeugt waren, daß ich ganz gut alleine klar kommen würde. Ich war stabil und selbstbewußt.

Diese innere Ausgeglichenheit hatte ich meinem Mentaltrainer Rainer Hatz zu verdanken, der mich bestens auf den Wettkampf in Athen eingestellt hatte. Wir hatten sämtliche Eventualitäten durchgespielt – stets zeichneten sich eine oder mehrere Lösungen ab. Ganz allgemein gilt: die Situation annehmen und ihr sagen, was zu tun ist. Nicht verdrängen.

Ich war in Topform und bereit für Athen, ich konnte es jetzt kaum noch erwarten, bis es endlich losging!!!

Am Freitagmorgen ging ich noch einmal zur Arbeit. Was heißt hier Arbeit, ich kam gar nicht dazu! Das Telefon läutete Sturm und die Kollegen schauten in Scharen vorbei, um mir viel Glück zu wünschen. Natürlich fragten sie dann auch, warum ich nicht schon zur Eröffnungsfeier dort sei. Ich mußte ihnen dann erklären, daß ich erst am 20. August Wettkampf hätte. Zudem seien die Trainingsmöglichkeiten im Vorfeld noch nicht geklärt gewesen. Wir hätten deshalb, da ich sonst doch nur „rumhängen" würde, meine Anreise um fünf Tage nach hinten verlegt. Zugegeben, ich war etwas traurig über diese Entscheidung, aber zu Hause vor dem Fernseher konnte man im Grunde sehr viel mehr von dem Eröffnungsspektakel mitbekommen – und das, ohne zuvor stundenlang Schlange stehen zu müssen. Andererseits wäre ich natürlich auch gerne ins Olympiastadion eingelaufen.

Wir hatten für diesen Abend viele Freunde eingeladen, um gemeinsam die Eröffnungsfeier anzuschauen. Meine Mama und meine Freundin hatten gekocht „wie die Weltmeister" und allerlei griechische Spezialitäten, von Zaziki bis Mousaka, aufgetischt. Jeder, der kam, hatte etwas gebastelt: die olympischen Ringe mit Hilfe von Kerzen, eine Olympiafahne, die wir dann zusammen mit der Deutschlandfahne hißten. Mein Vater hatte gar zwei Tage lang an einem olympischen Feuer gebastelt und versucht, es in der Garage vor mir zu verstecken – es sollte eine Überraschung werden. An diesem Freitagabend nun wurde es auf die Terrasse gestellt und im gleichen Moment und genauso feierlich entzündet wie dasjenige in Athen. Das olympische Feuer der Marke Eigenkreation sollte mir Glück für die bevorstehenden Wettkämpfe bringen und mich ein bißchen darüber hinwegtrösten, daß ich jetzt nicht in Athen sein konnte .

Es war ein rundum gelungener Abend, den wir mit einem Ouzo beschlossen. Nicht nur beim Anstoßen spürte ich, wie stolz alle auf mich waren, was mich wiederum sehr glücklich machte. Die vielen gutgemeinten Wünsche für eine erfolgreiche Teilnahme in Athen nahm ich mit in meinen Schlaf.

Ich mache das immer so vor einer längeren Reise. Ich sammle alles, was ich brauche, in meinem Zimmer. Da wachsen dann oft Wäsche und andere Utensilien zu Bergen an, die immer erst am letzten Tag, am Packtag eben, wieder abgetragen werden. Dies ist in der Tat eine etwas stressige Methode, zugleich aber auch eine effektive: Bisher habe ich so noch nie etwas Wichtiges vergessen.

Der Aufwand war diesmal etwas geringer. Denn mit der offiziellen Olympiabekleidung, die ich, wie andere Olympioniken auch, für so ziemlich alle Witterungsverhältnisse erhalten hatte, war schon der größte Teil der Wäsche abgedeckt. Große Taschen waren zusätzlich ausgeteilt worden, so daß ich alles, ja selbst meine Schießausrüstung bestens verstauen konnte.

Ich mußte mich schon am Samstagabend von meiner Familie verabschieden. Meine Freundin Andrea fuhr mich nach Wiesbaden ins Bundesleistungszentrum, wo ich die letzte Nacht auf deutschem Boden verbrachte. Es sollte eine kurze Nacht werden. Bereits um halb Vier klingelte der Wecker. Wir waren drei Schützen, die an diesem Morgen in aller Frühe nach Athen aufbrachen, den vierten gabelten wir am Flughafen auf. Ich war ziemlich nervös. Und wie immer in solchen Situationen kam auch diesmal die Frage auf: „Hast du auch alles dabei?" Ich bin mir da nie so sicher, aber es wird wie immer alles dabei sein.

Um 6.30 Uhr hoben wir in Frankfurt ab. Athen, die Olympischen Spiele, das Dorf, die Fackel, alles war jetzt nur noch ein paar Stunden von mir entfernt. Es war ein gutes Gefühl, zu wissen, daß wir nicht alleine reisten; daß sich in unserem Flugzeug noch viele andere große Sportler aus den verschiedensten Ländern befanden. Insofern fiel es mir auch diesmal nicht schwer, zumal ich nicht selbst am Steuer saß, einen Großteil des Fluges zu verschlafen. Die Zeit verging – im wahrsten Sinne des Wortes – wie im Fluge. Plötzlich setzte unser Flugzeug auf der Landebahn auf – ich wurde in die olympische Welt hineinkatapultiert.

Trubel und Jubel in Athen

Am Flughafen hatte sich nichts großartig verändert, nur daß im August die Olympischen Spiele natürlich allgegenwärtig waren. Überall Plakate und Infoschalter. Man bekam schon hier richtiges Olympiafieber.

Wir holten unser Gepäck ab und begaben uns in den Bereich, der nur den Akkreditierten zugänglich war. Sofort kam ein Volontär, einer der vielen freiwilligen Helfer, auf uns zu. Er regelte das Eintragen der Waffen und besorgte uns auch einen Bus ins Dorf. Wir waren ja nur zu viert, daher bekamen wir einen Kleinbus zugeteilt. Und eine Fahrerin. Nicht, daß ich etwas gegen Frauen am Steuer hätte, aber diese.

war eine junge Griechin, mit überdimensionalen Fingernägeln, das Handy in der einen und das Lenkrad in der anderen Hand. So fuhr sie mit 140 über die Schnellstraßen, wo eigentlich nur 80 erlaubt war. Ich krallte mich an meinem Sitz fest, denn bei ihren waghalsigen Überholmanövern kam es sehr oft zu ruckartigen Lenkbewegungen und lauten Hupkonzerten.

Nach etwas 45 Minuten Fahrzeit waren wir im Akkreditierungszentrum angelangt. Man untersuchte den Bus auf Sprengstoff mit Spiegeln, die unter das Fahrzeug geschoben wurden. Dann mußten wir durch eine Schleuse, die erste. Dort wurde unser Gepäck durch Röntgengeräte geschoben, wie man sie auch am Flughafen vorfindet, und auf verbotene Gegenstände hin überprüft. Es durften zum Beispiel keinerlei Messer ins Dorf eingeführt werden, auch dann nicht, wenn sie den Sportlern selbst gehörten.

Nach dieser Prozedur ging es in die Multimedia-Halle. Diese Halle war mit ungefähr dreißig Computern ausgestattet, mittels derer Bilder von den Sportlern hergestellt und die Akkreditierungen gedruckt wurden. Auf diesen wurden die jeweilige Nation und Sportart sowie der jeweilige Zugangsbereich im Dorf und in den Sportstätten vermerkt.

Glücklicherweise hatten wir einen Tag erwischt, an dem nicht so viel los war. Es mußten vielleicht zwanzig Personen pro Stunde die etwa fünfminütige Prozedur durchmachen. In den ersten Tagen stand man über zwei Stunden an, bis man überhaupt mal in die Halle hineinkam! Und am allerersten Tag waren es sogar über 5.000 Sportler! Mit unseren neuen Karten mußten wir sodann durch die zweite Kontrolle. Unser Handgepäck wurde durchsucht und wir selbst mußten durch einen Metalldetektor gehen.

Dann waren wir endlich angekommen. Doch auf dem Gelände konnten wir weder Wohnungen noch Sportler entdecken. Das ganze Areal erstreckte sich, so hatte man uns unterrichtet, über 2 km Länge und 700 m Breite. 16.000 Sportler fänden hier Platz. Es blieb uns also nichts anderes übrig, als noch einmal in den Bus zu steigen. Nur 15 Minuten später waren wir dann endlich richtig angekommen und hatten das uns zugewiesene Haus ausfindig machen können.

Auch das olympische Dorf ist ein Dorf. Deshalb hat auch unser Haus, so wie es sich gehört, eine eigene Hausnummer. Darüber hinaus ist es einem bestimmten Bezirk zugeordnet. Alle Bezirke sind hier übrigens nach Figuren aus der griechischen Mythologie benannt. So auch unser Bezirk. Er trägt den vielsagenden Namen Kassiopeia. (Kassiopeia oder Kassiope, Gemahlin des Königs Kepheus von Aithiopien, hat sich gerühmt, schöner zu sein als die Nereiden. Auf deren Bitten hat Poseidon zur Strafe eine Sturmflut und ein Meeresungeheuer gesandt, das Menschen und Vieh verschlingt. Ein Orakelspruch verheißt Rettung von diesem Untier, wenn des Königs Tochter Andromeda ihm zum Fraße ausgesetzt werde. So wird Andromeda an der Meeresküste an einen Felsen gefesselt. Der junge Held Perseus tötet das Meeresungetüm, befreit die Königstochter und macht sie zu seiner Frau.)

Das Haus hielt vier Appartements für jeweils acht Personen bereit. Vier Doppelzimmer, zwei Bäder, ein Aufenthaltsraum mit Balkon – alles wirkte sehr schlicht und irgendwie eintönig. Auch der Vorgarten machte einen ungepflegten Eindruck. Aber was sollte nach so kurzer Zeit auf griechischem Boden schon wachsen?!

Als ich die Tür zu meinem Zimmer aufschloß, stellte ich zu meiner Befriedigung fest, daß jedes Zimmer eine eigene Klimaanlage besaß, und mein Zimmerkollege, der schon zwei Tage früher angereist war, sie tatsächlich auch eingeschaltet hatte. Jedenfalls war es hier drinnen angenehm kühl im Vergleich zu draußen, wo die Sonne vom wolkenlosen Himmel herunterbrannte und das Thermometer mehr als 30°C anzeigte.

Ich fing an, meine Kleider in die geräumigen Schränke zu räumen, ich wollte ja schließlich zwei Wochen hier wohnen. Dann gingen wir zur Mensa. Neun große Festzelte luden die Einwohner des olympischen Dorfes zum Essen ein. Vier „Inseln" lockten mit einer Vielzahl von unterschiedlichsten

Blick von oben auf den modernen Schießstand in Athen.

Gerichten. Natürlich gab es Obststände und viele Kühlschränke, bis obenhin mit Getränken gefüllt. Man durfte sich bedienen, rund um die Uhr, ganz nach Belieben. Welch ein logistischer Aufwand! Es war der absolute Wahnsinn!!! Ja, denken Sie sich nur, ich stieß sogar auf einen McDonalds, bei dem man alles umsonst bekam. Ich hatte ihn freilich aus Vernunftgründen für die Dauer meiner Wettkämpfe gemieden.

An diesem Abend wählte ich einen griechischen Bauernsalat und etwas Gyros mit Zaziki, ich mußte mich ja auf die griechische Küche einstellen. Es schmeckte ausgezeichnet. Nur vom Gedeck war ich etwas enttäuscht – Kunststoffbesteck und Pappteller. Immerhin, die Getränke gab's aus Flaschen, und noch dazu reichlich. In den Essenszelten standen Kühlschränke und überall im Dorf verteilt Automaten, wo man sich mit einem Chip, in Form einer kleinen Colaflasche, kostenlos Getränke ziehen konnte. – Man mußte echt aufpassen, daß man nicht zuviel zu sich nahm, aber ich war ja „vorgewarnt" worden.

Nach dem Essen ging ich nicht gleich in mein Appartement zurück, sondern schlenderte noch ein wenig durchs Dorf, um mir die einzelnen Häuser der anderen Nationen anzuschauen. Die Fassaden zeigten sich zuweilen bunt geschmückt mit Maskottchen oder riesigen Fahnen. Interessant erschien mir auch das israelische Haus insofern, als es von allen Seiten eingezäunt war und eine eigene Sicherheitskontrolle besaß. Im Grunde sah es wie ein Gefängnis aus. Bereits nach einer Stunde stieß ich plötzlich auf unser Haus – offensichtlich war ich zu früh abgebogen, denn ich hatte noch gar nicht alles gesehen. Ich beschloß, meinen Besichtigungsgang an einem anderen Tag fortzusetzen, und sagte allen Schützen und Trainern Hallo, die jetzt erst ins Dorf zurückkehrten. Wir waren alle gut drauf und hatten an diesem Abend noch viel Spaß miteinander. Schließlich fiel ich hundemüde ins Bett und schlief wie ein Baby – die Eindrücke dieses Tages waren einfach überwältigend.

Der nächste Morgen hatte es in sich. Ich mußte viel erledigen. Ich stand daher schon gegen 8.00 Uhr auf und machte mich auf den Weg zum Frühstück. Es gab eine große Auswahl – von Müsli über Eier und Schinken bis hin zu kompletten Gerichten, die ich erst mittags einnehmen würde. Ich beschränkte mich auf Müsli und ein paar Früchte. Zum Abschluß aß ich noch einen Joghurt und deckte mich mit ausreichend Mineralwasser ein.

Dann ging ich zum Busbahnhof. Dort mußte ich zunächst einmal herausfinden, von welcher Haltestelle aus (insgesamt gab es 41!) ein Bus zum Schießstand fuhr. Kurze Zeit später war dieses Problem gelöst, ich saß im richtigen Bus. In der Beschreibung zu unserer Sportstätte war eine Fahrzeit von genau 39 Minuten angegeben. Ich stellte meine Uhr, um zu testen, ob diese auch stimmte, weil ich eigentlich mit mehr gerechnet hatte. Nach 39 Minuten kamen wir aber tatsächlich an der Sicherheitskontrolle an. Ich war erstaunt. Wieder wurde der Bus auf Sprengstoff untersucht. Dann ging es zur Personenkontrolle. Da wir im Dorf eingestiegen waren und seitdem den Bus nicht mehr verlassen hatten, durften wir ohne weiteres passieren. Nur wenn man das Gelände von außen betrat, wurde man mit Metalldetektor und Gepäckkontrolle genauestens kontrolliert.

Ich suchte jenen Betonbunker auf, in dem ich bereits beim Weltcup so meine Erfahrungen gesammelt hatte. Rein äußerlich hatte er sich kaum verändert, nur innen war er etwas farbenfroher und belebter geworden. Zunächst einmal ging ich in die Waffenkammer, um mein Gewehr, das mit einem Transporter vom Flughafen hierher gebracht worden war, einzulagern. Das heißt, ich mußte die Waffe identifizieren, bevor dann der Koffer samt Inhalt mit einem Barcode versehen und in der Waffenkammer eingelagert wurde. Bei dieser Gelegenheit ging ich noch bei meinen Ausrüstern vorbei, um Hallo zu sagen. Sie freuten sich alle, mich zu sehen.

Am gleichen Tag fand der Luftgewehrwettkampf der Herren statt. Natürlich schaute ich unseren Schützen, meinen Kameraden zu. Ich war überrascht, so viele Fans zu sehen. Überhaupt herrschte reger Betrieb in der Halle, so daß ich mir einen Sitzplatz regelrecht erkämpfen mußte. Ich wünschte Thorsten und Maik „Gut Schuß" und dann ging es auch schon los. Die Vorbereitungszeit begann, und allmählich wurde es leiser. Jeder war gespannt, und dieses Gespanntsein, diese allseitige Spannung konnte man im Raum geradezu fühlen. „Am Freitag liegst du auch da unten!" Ich freute mich schon auf meinen Wettkampf, aber auch darauf, heute noch zuschauen zu dürfen. Ich saß auf der Tribüne und ließ die Atmosphäre auf mich wirken. Es war überwältigend, trotz der verhältnismäßig wenigen Zuschauer. Was für ein Hexenkessel würde in diesen Tagen wohl erst aus dem Olympiastadion werden?!

Die Finalplätze waren heiß umkämpft. Und so sprang ich unentwegt zwischen den beiden deutschen Schützen hin und her, da sie einige Stände voneinander entfernt waren. Es blieb spannend bis zum letzten Schuß. Während Thorsten das Finale knapp verpaßte, gelang es Maik, sich im Vorkampf den 6. Platz zu sichern. Ein Deutscher war also im Finale. Ich freute mich für ihn.

Als ich den Zuschauerraum der Finalhalle betrat, war ich erstaunt. Ich hatte die Tribüne nur im Rohbau und ohne Sitzplätze gesehen. Es ging ziemlich steil nach unten, die Sicht war ungünstig, und die Schützen schrumpften in der großen Halle zu kleinen Punkten zusammen. Nur gut, daß die Mediendesigner hervorragende Arbeit geleistet hatten: Eine übersichtliche und gut strukturierte Anzeigetafel machte es möglich, daß man auch von den oberen Rängen das Finale genau verfolgen konnte.

Dann war es endlich soweit, die Schützen wurden einzeln in die Halle gerufen und – das mußte ein herrliches Gefühl sein – vom Applaus des Publikums zu ihrem Stand begleitet. Man sah Reporter, die ununterbrochen Photos schossen, und Kameramänner, die zwischen den Schützen herumsprangen, um alles zu filmen. So einen Rummel hatte ich vorher noch nie erlebt. Ich war gespannt, wie es weitergehen würde.

Maik hatte zwei Ringe Rückstand auf einen Medaillenplatz – es sollte schwer werden. Aber in einem Finale wußte man ja nie, was passieren würde, es hatte seine eigenen Gesetze.

Nach dem Probeschießen ging es los, zehn Schüsse auf Ansage, jeweils in 75 Sekunden. Der erste Schuß war gefallen. Maik hatte sich noch nicht verbessert. Ich drückte ihm die Daumen, vielleicht würde er es ja doch noch schaffen. Und dann kämpfte er sich tatsächlich Schuß für Schuß an seinen Vordermann heran. Doch ihm kamen die „doofen" Neuner dazwischen, die ihn immer wieder zurückwarfen. Am Ende hatte er sich aber immerhin auf Platz fünf vorgeschoben.

Maik war sichtlich geschafft. Deshalb fuhren wir gleich nach der Siegerehrung gemeinsam ins Dorf zurück – natürlich nicht ohne erneut den obligatorischen Sicherheitscheck über uns ergehen zu lassen. Es war ein anstrengender Tag gewesen. Doch merkwürdig, kaum im Dorf angekommen, waren die meisten Strapazen auch schon vergessen. Hier waren alle gleich, egal ob Star oder Neuling, alle Sportler trafen sich zum gemeinsamen Essen. Und wir waren auch dabei.

Als ich die Mensa betrat, huschte jemand ganz nahe an mir vorbei. Er war schnell, sehr schnell, und als ich ihm nachschaute, konnte ich gerade noch erkennen, wer dieser Sportler gewesen war: Maurice Green, der Sprintstar. Ich wählte und genehmigte mir etwas aus der asiatischen Küche.

Es war noch nicht dunkel, und so entschied ich mich spontan dazu, eine Runde durch das Dorf zu joggen, um mir den nördlichen Teil anzuschauen, den ich noch nicht kannte. Ich folgte dem leichten Anstieg, bis ich am oberen Ende auf ein kleines Stadion stieß, wo einige Leichtathleten gerade trainierten. Dahinter entdeckte ich ein Gebäude, in dem ein riesiges Fitneßcenter untergebracht war. Ich schaute hinein – jede Menge neue Geräte und sogar eine Sauna, die mich unter den gegebenen Umständen freilich längst nicht so interessierte wie das Schwimmbad dahinter. Sollte dies alles wirklich nur für Olympiateilnehmer sein?

Ich war neugierig geworden. In meinem Zimmer kramte ich zuerst einmal meinen Plan heraus. Darauf war das ganze Dorf eingezeichnet. Was es hier nicht alles an Einrichtungen gab! Wir hatten eine Wäscherei, wo wir unsere Wäsche täglich waschen lassen konnten, es gab eine sogenannte internationale Zone mit Geschäften, Souvenirladen und Post, ja sogar eine eigene Klinik.

Ich war „baff". Das mußte ich mir unbedingt alles anschauen, aber erst wenn ich mit meinem Wettkampf fertig wäre. Ich duschte. Unser Duschvorhang war etwas zu kurz, und so wurde das ganze Bad überflutet. Nicht weiter tragisch! Es gab einen Abfluß, und der funktionierte sogar.

Nach einem reichhaltigen Frühstück setzte ich mich in den Bus. Obwohl ich den Abend zuvor sehr früh zu Bett gegangen war, schlief ich (Sie wissen schon warum) sofort ein und wachte erst auf, als ich an der Sportstätte angekommen war. Ich holte mein Gewehr und trug es samt Ausrüstung auf den Stand. Die Aufzüge waren zwar in Betrieb, doch es herrschte Hochbetrieb, und so nahm ich lieber die Treppe. Der Schießstand selbst hatte sich nicht großartig verändert. Lediglich im hinteren Bereich, in dem sich die Sportler umzogen und sich die Trainer während des Wettkampfes aufhielten, war in der Zwischenzeit Parkett verlegt worden. Auch der Rasen war kräftig gewachsen – man hatte wohl auf Rollrasen umgestellt. Im Grunde war ich froh, daß ich mich hier so schnell wieder zurechtfand; ich hatte es so leichter, zum Training zu kommen.

Ich baute mein Gewehr zusammen und packte meine Klamotten aus. In der Zwischenzeit war Raimund eingetroffen, der etwa eine Stunde von der Halle entfernt Quartier bezogen hatte. Er wollte mir beim Training zuschauen, nutzte jedoch, da ich noch nicht soweit war, die Gelegenheit, um sich mit Claudia zu unterhalten. Nun war ich dran. Vom Geländer aus (den Schießstand durfte er ja, wie schon gesagt, nicht betreten) erinnerte er mich noch einmal an die wichtigsten Punkte, auf die ich jetzt während des Schießens achten sollte. Doch ich wußte schon, was ich zu tun hatte, das hatten wir oft genug trainiert.

Ich suchte zuerst die richtige Position, um auf die Scheibe zu kommen. Da ich beim ersten Mal nicht ganz zufrieden war, stand ich nach drei Schüssen wieder auf und ging zurück zu Raimund. Der hatte ein Photo von meinem

Anschlag gemacht. Und so konnte ich auf dem Display der Kamera deutlich erkennen, daß ich zu weit rechts lag. Also ein neuer Versuch. Diesmal ein bißchen weiter links. Ich gab ein paar Schüsse ab, doch es war immer noch nicht mein Anschlag, es gab noch Spannungen. Die Vorbereitung mußte auf den Punkt stimmen, das war mein oberstes Ziel. Also nochmals den Anschlag auflösen und wieder neu aufbauen.

Dann fühlte es sich gut an, das Gewehr sprang kurz und satt nach oben und ich stand ruhig auf der Zehn. Nun mußte ich versuchen, zum richtigen Zeitpunkt, nämlich erst dann, wenn ich mir hundertprozentig sicher wäre, auf Wettkampf umzustellen. Zwar windete es an diesem Tag kaum, so daß ich mich schnell auf die Zehn eingeschossen hatte. Doch entsprechend unserer Vereinbarung schaltete ich die Anlage erst nach zehn sauberen Schüssen auf Wettkampf um.

Ich fand schnell in meinen Rhythmus und schoß satte Zehner. Das ging fast schon zu einfach. Und so fehlte es meinen Aktionen plötzlich an der nötigen Konsequenz, was eine Neun mit dem achten Schuß zum Ergebnis haben sollte. Das war so nicht geplant. Ich stand auf. Raimund, der meinen letzten Anschlag photographiert hatte, zeigte mir das Bild: Ich lag links etwa fünf Zentimeter von der Begrenzungslinie entfernt, und das Gewehr befand sich genau über einer Schraube, mit der vor mir die Schiene befestigt war, mittels derer ich den Monitor verschieben konnte. Das waren zwei wichtige Anhaltspunkte. Ich gab diese an Claudia weiter, damit sie mich im Wettkampf gegebenenfalls korrigieren könnte.

Ich legte mich noch einmal so hin, wie ich vorher gelegen war, und ging den Ablauf ganz genau durch. Ich wußte, habe ich erst einmal den Anschlag auf einem Stand gefunden, kann ich ihn fast perfekt reproduzieren. Wind kam plötzlich auf, genau zur richtigen Zeit. Es war jetzt 11.00 Uhr, mein Liegendwettkampf sollte – zwei Tage später – um 12.00 Uhr beginnen. Ich konnte also davon ausgehen, daß es dann ebenfalls um die Mittagszeit winden würde. In der Probe testete ich, wie weit der Wind die Kugeln aus der Zehn trug. Schon nach wenigen Schüssen hatte ich ihn im Griff. Also konnte ich mich sogleich auf die zehn sauberen Schüsse konzentrieren, um wenig später mit dem eigentlichen Schießen zu beginnen.

Ich schoß eine Zehn nach der anderen, insgesamt 14, dann stand ich auf und beendete das Training. Ich hätte auch noch mehr schießen können, war mir aber sicher, daß sich mein Gefühl nicht ändern würde, alles paßte. Außerdem erwartete mich ja noch das offizielle Training am nächsten Tag zur „richtigen" Uhrzeit.

Ich packte zusammen, putzte das Gewehr und brachte es zurück in die Waffenkammer. Danach gingen Raimund, Claudia und ich das Training für den nächsten Tag durch. Ich sollte nichts anderes machen, als den Ablauf von heute einschleifen: Anschlag aufbauen, ausreichend Probe schießen und erst, wenn alles stimmt, anfangen, ein paar Zehner schießen und dann aufstehen. Das Ganze wieder zweimal, wie in einer richtigen Wettkampfsituation.

In diesem Punkt stimmen Raimund und ich völlig überein: Es wird immer verlangt, wettkampfnah zu trainieren. Das Problem hierbei ist nur, daß sich der Wettkampf im Training nicht simulieren läßt, da immer eine psychologische Sperre da ist – das Gehirn kann in dieser Situation einfach nicht überlistet werden. Man kann sich aber mit dem Wettkampf sehr wohl auf andere Weise auseinandersetzen, indem man etwa versucht, den Ablauf im Training zu ritualisieren, um ihn dann im Wettkampf abrufen zu können.

Genau dies hatten wir im Vorfeld der Spiele, zusammen mit Rainer, intensivst geübt; wir versuchten, uns ganz streng immer an den gleichen Ablauf zu halten. Das bedeutet: Ich stand immer nach den ersten fünf Schüssen auf, um den Anschlag nochmals und noch sicherer aufzubauen. Es folgten die obligatorischen zehn sauberen Schüsse, und erst dann war ich bereit, anzufangen – und durchzuhalten. Indem ich ständig trank, blieb die Konzentration erhalten.

Mit meiner Einschätzung lag ich richtig, der Wind hatte etwas zugenommen. Eine Standaufsicht hatte mir erklärt, daß es von Tag zu Tag immer ein wenig stärker winden würde, bevor es die nächste Woche dann fast windstill sein und der Wind schließlich, aus der anderen Richtung, wieder zurückkehren würde. Langer Reden kurzer Sinn, der Wind konnte zum Wettkampf hin noch etwas stärker werden. Und ich war bereits jetzt, im offiziellen Abschlußtraining darauf vorbereitet.

Ich hielt mich an Raimunds Anweisungen und schoß, wenn ich auf Wettkampf umgestellt hatte, nur noch Zehner. Ich war zufrieden mit mir, mein Selbstbewußtsein gestärkt. Nach einer letzten Absprache mit Claudia verstaute wieder ich meine Ausrüstung und machte mich auf den Weg zum Dorf.

Ich ging mit Michael, meinem Zimmergenossen, etwas essen. Aber eigentlich wartete ich in dieser Zeit nur darauf, daß mein Handy klingeln würde, denn der erste Schwung Fans aus Eisental, darunter auch meine Freundin Andrea, sollte in Athen ankommen. Wir wollten uns in der Stadt treffen und uns die beiden Volleyballspiele anschauen. Endlich klingelte es. Ich war froh, ihre Stimme zu hören. Alles habe geklappt, sie seien jetzt gerade auf dem Weg zur Halle.

Michael und ich brachen nun ebenfalls auf. Das Unangenehme war nur, daß wir den Bus für die Zuschauer verpaßt hatten und deshalb öffentliche Verkehrsmittel benutzen mußten. Das dauerte natürlich länger, mit anderen Worten, es wurde eine Odyssee! Doch wir schafften es. Nach einer aufreibenden Stunde kamen wir wohlbehalten im südlichen Athen, genauer gesagt im Hafengebiet an. Und dort fanden wir dann auch problemlos die Volleyballhalle.

Unsere Mädels hatten gerade 0:3 gegen Rußland verloren, als wir nach kurzer Suche auf die kleine Fangemeinde aus Eisental stießen. Gemeinsam schauten wir uns das zweite Spiel an, Italien gegen Brasilien. Danach mußte ich mich schon wieder von den anderen trennen – schließlich hatte ich am nächsten Tag meinen großen Auftritt. Die Eisentaler Fans mußten ganz hoch in den Norden, auf einen großen Zeltplatz, weit außerhalb von Athen, ich hingegen ins Dorf zurück. Zuvor erklärte ich ihnen aber noch kurz den Aufbau der Schießanlage, so würden sie mich in dem Gebäude leichter finden können.

Ich war etwas nervös, aber es war gut, daß wir in der Stadt gewesen waren, sonst hätte ich den ganzen Abend nur an meinen Wettkampf gedacht. Bevor ich zu Bett ging, begutachtete ich noch einmal alle Glücksbringer, die man mir mitgegeben hatte: die Halskette von meinen Eltern, den schönen Silberring mit Olivenzweigen von meiner Freundin, den Anhänger und den Strauß mit geweihten Kräutern. All das sollte mir Glück bringen. Rainer hatte mal gesagt, daß es so viel Energie um einen herum gebe – man müsse sie nur „einsammeln". Genau das tat ich mit diesen Gegenständen – und schlief beruhigt ein.

Der Tag der Entscheidung.

Obwohl ich erst um 12.00 Uhr Wettkampf hatte, stand ich bereits um 7 Uhr auf. Ich ging nach draußen und drehte eine kleine Runde. Die Morgenluft war angenehm kühl und ich spürte, wie ich allmählich wach wurde. Natürlich nahm ich mir auch Zeit zum Duschen – und setzte so einmal mehr das Badezimmer unter Wasser. Erst gegen 9.30 Uhr ging ich frühstü-

cken, damit ich nicht kurz vor dem Startschuß schon wieder Hunger bekäme. Dafür schlug ich dann um so kräftiger zu: ein Schälchen Müsli mit Joghurt, ich hatte endlich eines gefunden, das genießbar war, und Brot mit Käse, das sollte im Magen ein bißchen anhalten. Als kleinen Snack steckte ich mir noch ein paar Bananen ein.

Von der Mensa aus ging ich direkt zum Bus. Ich setze mir meinen Kopfhörer auf und döste (Sie wissen schon) die Fahrt über vor mich hin. Dennoch nahm die Nervosität zu.

Als ich die Schießanlage mit meinen Siebensachen betrat, erwartete mich bereits Claudia. Sie war gelassen und konzentriert zugleich, was sich auf mich positiv auswirken sollte. Während ich meine Ausrüstung bereitlegte und das Gewehr zusammenbaute, fing ich bereits an, mein imaginäres Haus zu bauen. Ich hatte immer noch den Kopfhörer auf, das schirmte mich zusätzlich ab. Allmählich wurde ich etwas ruhiger.

Ich war frühzeitig erschienen und hatte genügend Zeit. Ich setzte mich in Wettkampfkleidung auf einen Stuhl und starrte stur nach vorne. Der Wind kam langsam auf und wurde, wie erwartet, von Minute zu Minute stärker. Etwa fünfzehn Minuten vor dem Start wehte er konstant von rechts. Ich wußte, auf was ich mich einzustellen hatte.

Mittlerweile war auch Raimund eingetroffen. Er hatte sich einen Platz direkt hinter mir auf der Tribüne gesichert und beobachtete mich. Ich stand auf und ging zurück zur Mauer. Er lehnte sich herab, gab mir die Hand und sagte, mit einem breiten Grinsen auf den Lippen: „Heute ist dein Tag, ich spüre es genau. Also zeig', was du kannst!" Ich spürte, daß er genauso heiß war wie ich. Ich hatte so viel trainiert, ich wollte es Raimund, ich wollte es allen zeigen! Ich ging erneut zu Claudia hinüber, sie wirkte noch immer sehr ruhig, als sie mir die Hand auf die Schulter legte. „Du kannst es, ich weiß das!"

Also stellte ich eine neue Wasserflasche nach vorne und wollte damit beginnen, mich mental vorzubereiten. Doch zuvor warf ich noch einen Blick zurück, ich suchte nach meinem Vater und meiner Freundin – ich konnte niemanden entdecken. „Die kommen erst, wenn der Wettkampf begonnen hat. Damit du nicht abgelenkt bist", sagte Raimund in beruhigendem Ton. Daraufhin zog ich mich fertig an und begann, mein Haus zu betreten. Jetzt zählte nur noch der Wettkampf, alles andere war Nebensache.

Rainer und ich hatten in der letzten Sitzung vor den Olympischen Spielen die Stationen im Haus auf sechs Schritte zusammengefaßt: vom schwächsten an der Tür bis zum wichtigsten auf der Position, auf der ich liege. Ich schritt sie nacheinander ab und wurde mit jedem Schritt sicherer. „Das ist mein Tag, heute komme ich ins Finale, und dann ist alles drin!" Als ich am letzten Punkt angelangt war, legte ich mich hin und richtete meinen Anschlag ein. Er fühlte sich super an. Ich nahm noch einen Schluck aus meiner Wasserflasche, und dann ertönte auch schon das Startsignal.

Ich gab, wie wir es besprochen hatten, genau fünf Schüsse Probe ab. Dann löste ich den Anschlag auf und richtete mich neu ein. Der nächste Schuß. Mit jedem Schuß fühlte sich mein Anschlag besser an. Nach etwa vier Schüssen hatte ich mich auf den Wind eingestellt. „Jetzt noch zehn saubere Schüsse, dann fängst du an!" Das tat ich denn auch. Ich schoß zehnmal in die Mitte, trank noch einen Schluck Wasser und stellte auf Wettkampf um. Ich war mir zu diesem Zeitpunkt ganz sicher: „Heute ist mein Tag, heute hole ich eine Medaille!"

Ich fand sofort in einen flüssigen Rhythmus. Eine Zehn nach der anderen. Es lief so, wie man es sich für einen Wettkampf wünschte, nämlich optimal. Mit jedem Schuß wurde ich selbstbewußter. Und immer wenn ich spürte, ich könnte vielleicht ein wenig leichtsinnig werden, trank ich ganz diszipliniert einen Schluck Wasser, und schon war ich wieder voll bei der Sache. Auf diese Weise hatte ich mittlerweile 23 Zehner geschossen, und noch keinen Neuner!

Ich mußte raus, die Anspannung war stärker geworden. Ich hatte bei Rainer gelernt, daß man ein Problem nicht verdrängen darf, sondern, ganz im Gegenteil, es annehmen und sich mit ihm befassen muß. Das bedeutete für mich: Ich mußte agieren, ich durfte nicht warten, bis die erste Neun kam, ich mußte vorher den Anschlag auflösen. Also setzte ich mich auf die Knie, legte das Gewehr neben mir ab und trank Wasser. Ich ging die einzelnen Punkte noch einmal durch. Es paßte alles, ich mußte nur ruhig bleiben.

Nach etwa fünf Minuten legt ich mich wieder hin. Ich mußte nur ein kleines bißchen in meiner Jacke rutschen, und schon stimmte der Anschlag wieder. Es konnte weitergehen. Das Gefühl für das Schießen war immer noch da. Ich schoß mit einer Zehn an und es folgte wieder eine nach der anderen. Doch die Bedingungen wurden zunehmend schwieriger, der Wind zusehends stärker. Meine Devise lautete jetzt: auf den Wind achten und trotzdem zügig fertig schießen. Denn wenn ich fertig wäre, bevor noch mehr Wind aufkäme, hätte ich einen Vorteil gegenüber denen, die noch eine Serie schießen mußten.

Ich schaffte es, bis zum 35. Schuß nur Zehner zu schießen. Doch dann passierte es, der 36. war eine Neun. Ich war in gewisser Weise erleichtert, denn bei diesen Bedingungen fängt man sich immer eine Neun ein, also dann lieber zu diesem Zeitpunkt als in der letzten Serie . Ich trank einen Schluck und schoß weiter. Die Neun war geschossen, jetzt konnten nur noch Zehner kommen. Ich konzentrierte mich und schoß wieder in die Mitte. Dann fiel Schuß 42, wieder eine Neun. Ich hatte sie weder gespürt noch gesehen. Doch ein Blick auf den Monitor und dann in Richtung Scheiben sagte mir alles:

Offensichtlich hatte der Wind in genau dem Moment gedreht, in dem ich abgezogen hatte. Jetzt hieß es wirklich aufpassen, die Bedingungen wurden mit jedem Schuß schwieriger. Ich trank jetzt nach jedem dritten Schuß, um immer hochkonzentriert zu sein. Es funktionierte.

Nach dem 47. Schuß legte ich nochmals eine kleine Pause ein, um Kräfte zu sammeln. Die letzte Serie war die wichtigste, denn diese würde bei Ringgleichheit den Ausschlag geben. Es mußte also eine 100 werden. Ich nahm allen Mut zusammen und legte mich wieder hin. „Ich darf jetzt nicht zu lange zögern, sonst verliere ich den Faden!" Und so schoß ich immer bei der ersten Gelegenheit, die sich mir bot. Ich war bei Schuß 57 angelangt und der Druck riesengroß. Indes, Rainer hatte auch zu diesem Problem eine Lösung bereit: Ich müßte einfach einen Teil der Verantwortung für diesen Schuß abgeben. Am besten an die Kugel. Das versuchte ich. Bevor ich zur Zielphase überging, flüsterte ich der Kugel in meinem Lauf zu: „Und du fliegst jetzt genau in die Mitte!" Ich fühlte mich schon ein wenig erleichtert, wiewohl die Zweifel, ob es denn funktionieren würde, noch immer überwogen. Eine 10,8 - OK, es funktionierte. Noch zwei Schüsse. Die Kugel machte ihre Arbeit sehr gut, zwei Zehner. Damit hatte ich es, nein hatte die Kugel es tatsächlich geschafft: 598 Ringe und neue persönliche Bestleistung bei den Olympischen Spielen!!!

Ich konnte es zuerst gar nicht fassen, ich hatte es wirklich geschafft. Ich mußte wohl einige Minuten vor meinem Monitor gesessen haben, zumindest kam es mir so vor, bevor ich mich erhob und mich in Richtung Claudia, Raimund und den mittlerweile ebenfalls anwesenden Eisentaler Fans umdrehte. Alle strahlten mich an. Claudia kam auf mich zu und umarmte mich: „Gut gemacht, ich wußte, daß du es schaffen würdest!" Raimund verneigte sich vor mir. Ich war zweiter, nur der US-Amerikaner Matthew Emmons war vor mir. Das bedeutete Finalteilnahme, das erste Ziel war erreicht. Doch ich wollte mehr! Ich wollte eine Medaille, ich wollte Gold! Mich trennte ja nur ein Ring vom Erstplazierten! Mein Vater und meine Freundin hatten Tränen in den Augen. Sie zwängten sich durch das Geländer, und ich mußte mich auf einen Stuhl stellen, um sie berühren zu können. Andrea gab mir einen dicken Kuß, sie freute sich „riesig".

Alle deutschen Fans waren aus dem Häuschen und machten sich sofort auf den Weg in die Finalhalle, um sich dort die besten Plätze zu sichern. Ich brach ebenfalls auf und begab mich in die Tiefen der Anlage. Der Vorbereitungsraum für das Finale befand sich auf der untersten Etage, direkt unter der Tribüne. Ich war wohl nicht ganz bei mir, jedenfalls kann ich mich heute kaum noch an irgendwelche Einzelheiten erinnern. Es war eine seltsame Mischung aus Nervosität und Angriffslust, die in mir aufstieg. Ich hatte das Finale und die große Halle mit den Zuschauern ganz ganz vergessen. Ich wollte nur noch eines: gewinnen. Ich war jetzt schon zweiter und mich trennte nur ein Ring vom ersten Platz. Das war zu schaffen, ich hatte in der Vergangenheit ja schon oft bewiesen, daß ich hohe Finalergebnisse schießen kann. Wieso also nicht auch dieses Mal?!

Wir mußten uns aufstellen, man war schon dabei, uns einzeln, beginnend mit dem achten Finalteilnehmer, hineinzurufen und vorzustellen. Als schließlich nur noch Matt und ich warteten, gaben wir uns die Hand und wünschten uns gegenseitig „Good luck". Dann wurde ich auch schon aufgerufen und von einem tosenden Beifall in die Finalhalle getragen. Natürlich waren die eigenen Fans am lautesten, sie hatten sich ganz vorne postiert, so daß man den Schriftzug auf ihren T-Shirts gut lesen konnte. Jeder trug einen Buchstaben, zusammen ergab das „Christian 2004". Ich hatte ihre volle Unterstützung, wollte aber auch die Sympathie der anderen Zuschauer gewinnen. Also winkte ich fröhlich in die Menge. Ich wollte sie alle auf meiner Seite haben.

Der Ablauf des Finales entsprach dem im Luftgewehrschießen. Mit dem

Unterschied freilich, daß wir pro Schuß nur 60 Sekunden Zeit hatten. Ich nutzte die Vorbereitungszeit, um wieder mein Haus um mich herum aufzubauen. Ich hatte allerdings etwas verändert, damit ich die Durchsagen hören und die Schußwerte meiner Mitstreiter mitbekommen konnte. Die Probe lief gut – es gelang mir, mich rasch auf das andere Licht und das Schießen ohne Wind einzustellen. Ich machte so viele Schüsse, wie in 7 Minuten nur möglich waren. Als die letzen 30 Sekunden der Probe angesagt waren, trank ich nochmals einen kräftigen Schluck Wasser. Es sollte losgehen.

„For the first competition shot, load", schallte es aus dem Lautsprecher. Der erste Schuß lief noch bewußt ab, ich startete mit einer 10,4. Ich nahm das Gewehr aus der Schulter und trank einen Schluck. Danach war ich wie in Trance. Ich nahm nur noch wahr, was ich schoß und was Matthew schoß, sonst interessierte mich auch gar nichts mehr. Allerdings konnte ich nicht genau herausfinden, wie nahe ich an Matthew dran war. Ich wußte nur, daß ich langsam aufholte.

Die Anspannung wuchs, sie war stärker als im Vorkampf. Ich trat wieder einen Teil der Verantwortung ab, ich sagte es sogar leise vor mich hin. Und die Kugel gab ihr Bestes, um mein Wackeln auszugleichen und in die Mitte zu fliegen. Der letzte Schuß. Ich hatte mitgezählt und wußte, daß ich ungefähr 0,5 Ringe Rückstand hatte. Also noch eine hohe Zehn, und vielleicht würde das ja schon zum Sieg reichen. Ich versuchte, mich zu konzentrieren, hatte aber keine Kontrolle mehr über mich, die Anspannung war einfach zu groß. Der Schuß brach, als ich noch gar nicht richtig breit dazu war. Eine 9,9. Das war gerade noch einmal gut gegangen. Oder doch nicht? Matthew schoß unmittelbar nach mir. Ich hielt es nicht mehr aus, ich konnte nicht länger warten. Und so drehte ich mich zu ihm hin und fragte ihn: „How much?" – „Ten point six" - „Congratulation, you've gold!"

Er war genauso erleichtert wie ich. Ich war ihm bis zum letzten Schuß auf den Fersen gewesen, ich hatte ihn attackiert und den Abstand nach hinten vergrößert.

Athen 2004 – das ist ein Erlebnis, das kann mir keiner nehmen, das ist etwas für die Ewigkeit. Ich bin wahnsinnig stolz. Ich habe die Silbermedaille gewonnen und nicht Gold verloren.

Christian Lusch

vita

Christian Lusch wurde am 19. Februar 1981 in Eisental als ältester von vier Brüdern geboren. Im Sommer 1991 fand in Eisental das „Göggerlefest" statt. Höhepunkt war ein Schießwettbewerb, den der heimische Schützenverein SV Schartenberg Eisenntal ausrichtete. Jugendtrainer Paul Feist bemerkte sofort sein großes Talent und konnte ihn für den Verein gewinnen.

Im zarten Alter von 13 Jahren nahm Christian Lusch an seinen ersten Deutschen Meisterschaften in München teil. Damals war er über den 23. Platz hocherfreut. 1999 wurde er erstmals Deutscher Meister im Kleinkaliber 50 Meter liegend, worauf ihn der Bundestrainer in die Junioren-Nationalmannschaft berief.

Zur Bundeswehr eingezogen, kam er zur Sportförderkompanie, wo er seine Schießtechniken weiter verfeinerte. Auch im Jahre 2000 hieß der Deutsche Meister im KK liegend auf 50 Meter Christian Lusch. 2001 wurd er zum dritten Mal in Folge Deutscher Meister und außerdem Vize-Europameister der

Junioren. Ein Jahr später erreichte er beim Weltcup in Atlanta das Finale und stand schließlich als Drittplatzierter auf dem Podium.

2003 griff er das Unternehmen Olympia an und kann Landestrainer Raimund Blattmann als seinen persönlichen Trainer gewinnen. Der große Wurf sollte ihm im Olympiajahr 2004 gelingen. Beim Weltcup, der in der olympischen Schießanlage Markopoulo in Athen ausgetragen wurde, wird er Dritter.

Nach einem spannenden Wettkampf zog er als Zweitplatzierter ins Finale der besten Acht ein. Er holte zunächst Schuß um Schuß auf, doch am Ende lagen zwischen ihm und Matthew Emmons (USA) nur 1,1 Ringe. Christian Lusch gewann die Silbermedaille. Sein Traum wurde wahr. Seine gute Vorbereitung mit Raimund Blattmann und Rainer Hatz zahlte sich aus.

Nur zwei Wochen nach Olympia gewann er zum vierten Male die Deutsche Meisterschaft. Ende Oktober folgte er der Einladung nach Bangkok zum Weltcupfinale. Dort holt er sich den sportlichen Ritterschlag. In der Qualifikation stellte er den Weltrekord mit 600 Ringen ein. Das anschließende Weltcupfinale gewann er souverän mit 702,1 Ringen. Willkommen in der Weltspitze.

Der Sportler steht im Vordergrund – und nicht der Trainer!"

„Raimund, ich will nach Athen, hilfst du mir?"

Im Schützenhaus des SV Schartenberg Eisental, in dem gerade noch Hochbetrieb geherrscht hatte, wurden die Lichter gelöscht. Der Lehrgang mit den größten südbadischen Talenten war zu Ende. Es war gut gelaufen, die Jugendlichen hatten ordentliche Leistungen gezeigt und gut gearbeitet. Ich war zufrieden, aber auch erschöpft. In aller Ruhe packte ich meine Siebensachen zusammen und verstaute sie im Kofferraum meines Wagens. „Das war's mal wieder", dachte ich beim Einsteigen - doch da hatte ich mich getäuscht.

„Raimund, hast du noch einen Moment Zeit?"

Ich war überrascht. Der Parkplatz schien menschenleer, und wie aus dem Nichts stand plötzlich Christian Lusch vor mir. Obwohl ich noch die hundert Kilometer bis zu meinem Wohnort Pfaffenweiler fahren mußte, sich zudem Hunger und Müdigkeit eingestellt hatten, war es für mich selbstverständlich, noch einmal auszusteigen und mir anzuhören, was Christian zu sagen hatte.

Ich kenne Christian schon seit vielen Jahren. Ich habe ihn einst in der Jugend betreut und hautnah miterlebt, wie er sich zu einem der besten deutschen Nachwuchsschützen entwickelte. Da stand er nun vor mir, suchte den Blickkontakt und ich wußte sofort, daß etwas in der Luft lag. „Was gibt's?" fragte ich. Christian kam sofort zur Sache.

> *„Ich will im nächsten Jahr zu den Olympischen Spielen nach Athen. Hilfst du mir dabei?"*

Bumm! Das saß. Mit einem Schlag war ich wieder hellwach.

Ich mußte nicht lange überlegen. Ich kannte die Situation, in der sich Christian befand. Der hoffnungsvolle Newcomer hatte ein sportlich unbefriedigendes Jahr hinter sich. Aus dem strahlenden Sonnyboy war ein Sorgenkind geworden, dessen Form im Keller war.

Athen schien Lichtjahre entfernt, so jedenfalls dachten viele Experten. Ich nicht! Ich wußte, was Christian drauf hatte, und mir war klar, daß er nicht alles verlernt haben konnte. Ich bin ein Mensch, der seine Entscheidungen in der Regel aus dem Bauch heraus trifft und damit immer gut gefahren ist. Somit fiel mir eine spontane Antwort auf Christians Frage nicht schwer: „Ich helfe dir auf jeden Fall!" Zudem wies ich ihn darauf hin, was ihn in den kommenden Wochen und Monaten erwarten würde.

„Du mußt dich daran halten, was ich sage. Wir werden sehr hart trainieren. Du wirst mich manchmal hassen, und es kann durchaus sein, daß Tränen fließen."

Ich denke, Christian war sich der Tragweite unserer Zusammenarbeit von Anfang an bewußt. Schließlich ist er ein intelligenter Mensch, dem man nicht erzählen muß, daß ein außergewöhnliches Ziel auch ebenso außergewöhnliche Anstrengungen erfordert.

Sonnyboy oder Sorgenkind: Christian Lusch im Jahr 2003.

Als wir uns in jener Nacht trennten, wußten wir beide, daß für uns ab sofort eine neue Zeitrechnung begonnen hatte.

Das Ziel waren die Olympischen Spiele in Athen.

Viel Zeit blieb nicht. Es war Ende 2003 – und die Spiele sollten am 13. August 2004 beginnen. Der Countdown lief!

Die Eckpunkte

> *„Vertrauen ist gut, Kontrolle ist besser."*

Nachdem beide Seiten ihre grundsätzliche Bereitschaft zur Zusammenarbeit signalisiert hatten, ging es darum, das Abenteuer Olympia generalstabsmäßig anzugehen.

Es fanden drei klärende Gespräche statt.
Wir waren uns einig, Entscheidungen sollten im Team getroffen und die Prinzipien der gemeinsamen Arbeit festgelegt werden.
Zunächst wurden die Eckpunkte fixiert:

> 1. *Wir wollen nach Athen*
> 2. *Nur dabei sein, ist nicht das Ziel – wir wollen erfolgreich sein.*

Von Anfang an war uns bewußt, daß wir unter Zeitdruck standen. Nicht zuletzt deswegen einigten wir uns darauf, von den drei olympischen Gewehrdisziplinen, Kleinkaliber liegend, Dreistellung und Luftgewehr, das Luftgewehr außen vor zu lassen.

Meiner Meinung nach ist Luftgewehr einfach ein anderes Schießen. Es erfordert eine andere Technik, die sich in wesentlichen Punkten vom Kleinkaliberschießen unterscheidet. Wenn sich Christian zum jetzigen Zeitpunkt mit zwei verschiedenen Techniken befassen müßte, würde er sich verzetteln. Am besten wäre es deshalb, sich auf eine Disziplin zu konzentrieren. Also legten wir fest, schwerpunktmäßig Kleinkaliber liegend zu trainieren, zumal Christian damit in der Vergangenheit seine besten Resultate erzielt hatte.

Das zweite Gespräch wurde mit dem Südbadischen Sportschützenverband (SBSV) geführt. Dabei wurde unter anderem vereinbart, daß ich als Landestrainer abgestellt werde und mich ausschließlich um Christian kümmere. Es war klar, daß eine andere Lösung nicht in Frage käme. Die Bundes- und Landestrainer können sich nicht ausschließlich um einzelne Sportler kümmern – schon gar nicht um Christian, dessen potentielle Trainingszeit auf Grund von Studium und Arbeit erheblich eingeschränkt ist.

Schließlich wurden in einem dritten Gespräch zwischen Christian und mir die wesentlichen Punkte unserer Zusammenarbeit diskutiert:

1. *Wie wird trainiert?*
2. *Wann und wie oft wird trainiert?*
3. *Wo wird trainiert?*

Wir kamen zu folgenden Ergebnissen:

1. Es findet gezieltes Einzeltraining statt. Der Trainer beschäftigt sich ausschließlich mit einem Sportler, um individuell und konzentriert an Problemstellen arbeiten zu können.

2. Es wird trainiert, wenn Christian Zeit hat, sprich, wenn ihm das Studium bzw. die Firma Freiräume dazu lassen. (Gewöhnlich war dies werktags ab 18 Uhr sowie samstags und sonntags der Fall.) Der entscheidende Punkt hierbei: Der Sportler macht die Vorgaben, der Trainer richtet sich danach.

In der Regel wird viermal wöchentlich trainiert – zweimal unter der Woche, zweimal am Wochenende. An den übrigen Tagen liegt es am Sportler und seiner Eigeninitiative, die notwendigen körperlichen Voraussetzungen zu schaffen. Auf dem Programm stehen allgemeine Ausdauer (z. B. Radfahren), Kräftigungsübungen, Gymnastik sowie physiotherapeutische Betreuung. Der genaue Trainingsplan wird von Woche zu Woche festgelegt.

3. Trainiert wird dort, wo der Athlet sich gerade aufhält. Aufgrund des knappen Zeitbudgets werden dem Sportler weite Anfahrten zum Training erspart. In der Umkehrung heißt das: Der Trainer kommt zum Sportler.

Folgende Inhalte mußten im Detail ausgearbeitet werden:
Trainingseinheit, Trainingstag, Trainingswoche, Trainingsmonat, Trainingsjahr, Leistungskontrollen und Finale.

Christian und ich waren uns einig, dieses Programm bis Athen auf jeden Fall durchzuziehen – ohne wenn und aber. Einen schriftlichen Vertrag benötigten wir dafür nicht. Mit einem Handschlag unter Ehrenmännern besiegelten wir die Abmachung, blickten uns in die Augen und wußten, daß es ab jetzt ernst würde.

Es geht los

„Christian ist ein Siegertyp."

Am 2. Januar 2004 trafen wir uns im Schützenhaus von Bühl-Eisental zum ersten Training. Zunächst mußte der aktuelle Leistungsstand ermittelt werden – und der war eher „bescheiden". Christian war nach einem schwachen Jahr verunsichert und nicht in der Lage, seine Höchstleistung abzurufen. Er lag im Bereich von 590 Ringen (liegend) beziehungsweise von 1145 Ringen im Dreistellungskampf (3 x 40; liegend, kniend, stehend).

Meine wichtigste Aufgabe bestand nun darin, Christian wieder stark zu machen, ihn langsam und behutsam aufzubauen. Positives Denken war angesagt. Ich mußte ihm beibringen, nicht mehr mit sich selbst zu hadern. Ich wußte: Christian ist ein Siegertyp. Seine „verschütteten" Fähigkeiten müßten nur wieder freigeschaufelt werden ...

Ein Traum wurde wahr. Silbermedaille in Athen gewonnen. Der Lohn für harte und zeitintensive Trainingszeiten in der Vorbereitung.

Nun ergab sich drei Monate vor Olympia, mehr zufällig als geplant, eine völlig neue Situation. Christian kam auf mich zu und teilte mir mit, daß sich ein alter Bekannter, der sich beruflich mit Streßablösung beschäftigt, gemeldet und Unterstützung auf mentaler Ebene angeboten habe. Ich spürte, daß Christian diese Unterstützung wollte, und so gab ich meinen „Segen". Später, als ich Rainer Hatz persönlich kennenlernte, merkte ich schnell, daß wir uns gegenseitig hervorragend ergänzten und daß auch die „Chemie" stimmte, was für mich unheimlich wichtig war und ist. So nimmt es nicht wunder, daß sich durch die Übernahme und den aktiven Gebrauch wesentlicher emotional-mentaler Techniken im Hinblick auf das große Ziel Olympia völlig neue Perspektiven eröffneten.

Es ist alles nicht so einfach

„Manchmal ist weniger mehr."

Unser Ziel war, in Athen die Höchstform zu erreichen, wobei zuvor aber erst einmal das Olympia-Ticket gelöst werden mußte. Drei Etappenziele galt es zu bewältigen. Zunächst stand in München die nationale Olympia-Vorausscheidung auf dem Programm. Von den sechs Schützen, welche die Norm erfüllt hatten, fielen in München zwei durch das Sieb, einer meldete sich aus beruflichen Gründen ab.

Da in der Halle geschossen werden sollte, sind wir zum Training in die Kleinkaliber-Halle im benachbarten Lauf ausgewichen, wo wir uns auf den Wettkampf optimal vorbereiten konnten.

Mit Christian hatte ich auf das erste Etappenziel hingearbeitet. Insofern wollte ich bei der Olympia-Ausscheidung unbedingt dabei sein. Von anderer Seite wurde dies nicht für notwendig erachtet. Ein Kommentar dazu: „Wo kommen wir denn hin, wenn jeder Schütze seinen eigenen Trainer mitbringt." Für uns beide stand jedoch fest: Wir sind ein Team, wir brauchen uns gegenseitig. Also fuhr ich in der Ausscheidungswoche als Privatperson und auf eigene Kosten nach München, um Christian optimal betreuen und beobachten zu können.

Auf diese Weise war es unserem hauptamtlichen Cheftrainer möglich, sich ausschließlich um „seinen Schützling" zu kümmern, der dann auch eine Runde weiterkommen sollte.

Für Christian und mich war wichtig, daß wir uns vor jedem Wettkampf, in jeder Wettkampfpause, bei jedem Stellungswechsel und nach jedem Wettkampf absprechen konnten, beispielsweise um die jeweilige Taktik durchzugehen.

Der Bundestrainer muß sich in einem solchen Fall, wenn verschiedene

Nationalkaderschützen am Start sind, naturgemäß neutral verhalten.

Der Aufwand hatte sich schließlich gelohnt: Christian schloß den Wettbewerb als Sieger im Wettkampf Kleinkaliber liegend ab und war damit weiterhin im Rennen um die Olympia-Fahrkarte. Es folgte der Weltcup auf der Olympia-Schießanlage in Athen. Christian belegte mit 699,8 Ringen (Vorkampf 596, Finale 103,8) Platz drei und war damit bester Deutscher. Beim internationalen Wettkampf in Pilsen (Tschechien) zeigte sich Christian erneut als bester Vertreter der deutschen Olympia-Aspiranten; er landete auf Platz sieben. Danach hätte eigentlich endgültig klar sein müssen, daß die Olympia-Fahrkarte gelöst ist. Doch Christian erhielt noch nicht grünes Licht.

An diesem Wochenende hatte ich selbst einen Lehrgang in Pforzheim mit unseren Jugendlichen vom Landesleistungszentrum, so daß ich Christian erst am späten Nachmittag auf dem Rückweg anrufen konnte.

Ich: „Hallo Christian, wie war's?"
Er: „Ich bin Siebter und bester Deutscher von den Olympia-Kandidaten."
Darauf ich: „Klasse, herzlichen Glückwunsch zur Olympia-Nominierung."
Und wieder er: „Halt, halt soweit ist es noch nicht, es wurde noch nichts bekanntgegeben. Komisch oder?!"

Ich spürte sofort Christians Ratlosigkeit, um nicht zu sagen Niedergeschlagenheit und bat ihn deshalb, bei unserem Lehrgang vorbeizuschauen. Ich mußte mit ihm reden, zuhören und ihn wieder aufrichten.

Einige Tage später kam dann – endlich – die offizielle Nominierung für die Olympischen Spiele. Die erste Hürde war damit genommen. Doch die zweite – wer soll das begreifen – wartete schon auf Christian.

Ein Trainer muß immer ein offenes Ohr und ein Gespür für die Probleme seines Schützlings haben. Ein guter Rat, Trost oder Zuspruch wirkt oft Wunder.

Als Mittelbadener war Christian verpflichtet, noch an den Bayrischen Meisterschaften teilzunehmen. Er hatte, das muß man sich in diesem Zusammenhang vergegenwärtigen, aufgrund des immensen Trainingsaufwands die Uni vernachlässigt und brauchte eigentlich dringend Zeit, um sich verstärkt auf die anstehenden Klausuren vorzubereiten.

Der Streß, den er für die bayrischen Titelkämpfe auf sich nahm, war groß (jeweils ein Tag für die Anreise, den Liegend-Wettkampf, den 3 x 40-Wettkampf und die Abreise). Zu allem Überfluß konnte er gar nicht – welch ein Verdruß! – Bayerischer Meister werden und auch nicht am Finale teilnehmen, weil er laut Sportordnung nur außer Konkurrenz starten durfte.

Da stellte sich mir die Frage: Wie kann ich einen Siegertypen wie Christian zur Höchstleistung motivieren, wenn er gar nicht gewinnen darf?

Die Antwort darauf liegt (glücklicherweise) außerhalb meiner, außerhalb jeglicher Logik. Wie Rainer es in seinem Kapitel ausführlich beschreibt, sind wir Menschen von Emotionen gesteuert. Und Emotionen sind meist nicht logisch und auch oft der Sache nicht dienlich!

Allerdings lag es sehr wohl in meiner Hand als Trainer, Christian wieder aufzubauen. Und so versuchte ich, seinen Negativfilm „Jemand aus dem Leistungszentrum legt mir schöne große Steine in den Weg" umzukehren in: „Alle Beteiligten können eigentlich nur das Beste für den einzelnen Sportler wollen!" Durch diesen Perspektivenwechsel schaffte ich es (glücklicherweise), Christian und mich aus dem selbstsabotierenden Gedankenkreis herauszumanövrieren.

Dabei sein ist nicht alles

> *„Das Ziel sind 600 Ringe – nicht mehr und nicht weniger."*

Wir waren also am Zwischenziel angelangt! Christian hatte das Athen-Ticket in der Tasche. Allerdings war unsere Mission damit noch nicht erfüllt. Jetzt ging es darum, Christian in Griechenland auf Erfolg zu programmieren. Das olympische Motto „Dabei sein ist alles" galt für uns nicht. Wir wollten mehr – und ließen uns dabei auch nicht von Kritikern beeinflussen, die meinten, unsere Ziele seien zu hochgesteckt.

In einem Zeitungsinterview hatte ich geäußert: „Ich traue Christian 599 oder gar 600 Ringe zu. Ja, es ist unser Ziel, immer 600 Ringe zu schießen." Da-

Basis für den Erfolg. Wir haben in vielen Trainingseinheiten die optimale Schießstellung für Christian ermittelt.

mit hatten manche Experten ein Problem. Durch die Blume wurde mir mitgeteilt, daß dies wohl nicht die richtige Vorgabe und Christian mit solchen Aussagen schlecht beraten sei. Zudem kam Christian mit seiner Art nicht bei allen an; sein gesundes Selbstvertrauen wurde als Überheblichkeit ausgelegt.

Ich glaube, Christian ist ein Mensch, der vor Selbstvertrauen sprüht. Und wenn das so ist, dann muß er das auch zeigen können. Kurzum, wir haben uns von nichts und niemandem bereden oder gar beirren lassen und sind unseren eigenen Weg gegangen – bis nach Athen.

Anfangs mußten wir noch die Eckwerte mit Klebeband markieren, später konnte Christian sie aus der Erinnerung abrufen.

Leistungsfaktoren

„Der Sportler muß immer wieder eins auf die Mütze bekommen, damit er weiß, es geht nicht von alleine."

1.0 Der Anschlag

Zunächst war wichtig, daß Christian immer den stabilsten, ruhigsten Anschlag wiederfindet. Als wir in den ersten vierzehn Trainingstagen den Ist-Zustand feststellten, vermaß ich parallel dazu den Stand, das heißt den Platz, an dem der Sportler liegt, steht oder kniet. Überall wurden Metermaße installiert, so daß der Ort genau definiert war. Dann wurde Christian mit einer Digitalkamera in den Positionen photographiert, in denen er sich am wohlsten fühlte beziehungsweise am stabilsten war. In den folgenden Trainingseinheiten wiederholte sich dieser Vorgang. Die Bilder wurden dann mit Hilfe eines speziellen PC-Programms aufeinandergelegt und verglichen – die optimale Ausgangsposition war damit gefunden.

2.0 Konzentrationsschulung

Eine große Ursache für viele Fehlschläge ist oft der Mangel an Konzentration. Konzentration ist das A und O beim Schießen. Um den Sportler zu erhöhter Konzentration zu zwingen, wurde im Training regelmäßig geübt, nach jedem Schuß anzusagen, wo genau der Schuß saß – und zwar ohne Hilfsmittel. Wenn Christian auf einer elektronischen Anlage geschossen hatte, drehte ich ihm deshalb den Monitor weg. Auf einer herkömmlichen Anlage wurde die Scheibe nicht zurückgefahren, und das Beobachtungsglas war tabu.

Für Christian ist dies kein Problem: Er besitzt die Gabe, den Schuß genau anzusagen. Das hat er im Blut.

3.0 Ernährung

> **„Etwas in Frage zu stellen ist der einzige Weg, es zu verbessern."**

„Ein voller Bauch studiert nicht gern" lautet ein Sprichwort. Im Sport gilt: Mit einem vollen Bauch lassen sich genausowenig Topleistungen erzielen wie mit einem leeren. Letztendlich entscheidend ist jedoch, was Bauch und Kopf so alles aufnehmen und wie sie es verarbeiten. Es ist kein Geheimnis, daß eine spezielle und trotzdem ausgewogene Ernährung leistungsfördernd wirkt. Also haben wir an diesem Punkt angesetzt und die Ernährung umgestellt.

Eine ausgewogene Ernährung ist für den Sportler und seinen Organismus positiv.

Eines der obersten Gebote lautet: Das Gehirn vor Streß schützen!

Nun, das Gehirn reagiert auf Lebensmittel wie Nüsse, Oliven und Schellfisch mit Streß. Im Gegensatz dazu wirken die Vitamine A, B, C und Lezithin beruhigend.

Worauf speziell geachtet wurde:

Milchprodukte enthalten in hohem Maße Riboflavin, das wir für den Zellstoffwechsel brauchen. Deshalb sollen Milch und Milchprodukte konsumiert werden.

Mein Tip:
*Die Milchprodukte dunkel lagern,
damit die Nährstoffe erhalten bleiben.*

*Streß und körperliche Anstrengung behindern nicht nur die Aufnahme von
Vitamin A, sondern erfordern eigentlich sogar eine erhöhte Zufuhr dieses
Vitamins.*
Mein Tip:
*Täglich zwei Tomaten und zweimal pro Woche Brokkoli essen,
täglich ein Glas Karottensaft trinken.*

Niacin als Vitamin B-Träger gilt als Kraftfutter für die Nerven.
Mein Tip:
Fisch, Geflügel und Mais essen.

*Sonnblumenkerne, Müesli sowie Eier enthalten Lezithin. Dies wirkt direkt
beruhigend auf die Nervenleitbahnen und sorgt dafür, daß Nährstoffe in
die Nervenzellen eingeschleust werden.*
Mein Tip:
*Täglich zwei Eßlöffel voll Sonnenblumenkerne
und eine Schale Müesli sowie dreimal pro Woche ein Ei essen.*

*Das Obstvitamin C ist bereits eine Stunde nach der Einnahme
an der Entstehung von neuen Gehirn- und Nervenzellen betei-
ligt. Es sorgt für einen klaren Kopf und beseitigt Konzentrati-
onsschwächen.*
Mein Tip:
*Kiwis, Äpfel, Zitrusfrüchte in den täglichen Speiseplan aufnehmen.
Vom Speisezettel gestrichen werden Chips. Der Wurstverbrauch wird
eingeschränkt. Auf Süßstoff, der nervös macht, wird ebenfalls gänz-
lich verzichtet.*

Mein Tip:

Rohkost nicht nach 19.00 Uhr verzehren, da – dies ein unerwünschter Nebeneffekt – der Darminhalt über Nacht zu gären beginnen kann.

Was im Bereich Ernährung alles möglich ist, belegt eine Studie, die unterschiedliche Ernährungsweisen von Zwillingen zum Thema hat. Untersucht wurden eineiige Zwillingsbrüder, die als äußerst zappelig und problematisch galten.

Bei einem Bruder wurde die Ernährung umgestellt und, siehe da, innerhalb von vierzehn Tagen wurde aus ihm ein völlig anderer Mensch.

Während sein Bruder weiterhin nervös und unkonzentriert durchs Leben ging, war der Proband nach Umstellung der Ernährung plötzlich ausgeglichen und aufnahmefähig. Außerdem konnte bei ihm ein höherer Intelligenzquotient (IQ) festgestellt werden.

Der Grund für die abrupt eingetretene Wesensänderung: Bonbons, Cola und Fertiggerichte waren von seinem Speiseplan komplett gestrichen worden.

Greife zur Wasserflasche und trinke ausgiebig, wenn die Konzentration nachläßt.

Lebenselixier Wasser

„Im Wasser liegt die Kraft."

Ein besonderes Augenmerk wurde auf das Trinken gelegt. Meine Devise und übrigens auch die von Rainer: Wenn Du merkst, daß die Konzentration nachläßt, greife zur Wasserflasche und trinke ausgiebig. Wasser ist das wichtigste Lebenselixier auf der Welt. Es ist wissenschaftlich belegt, daß der Geist bis zu 20 % seiner Leistungsfähigkeit nicht abrufen kann, wenn der Flüssigkeitshaushalt nicht stimmt. Das Gemeine dabei ist: Wenn der Sportler Durst verspürt, ist es schon zu spät.

> **Mein Tip:**
> *Apfelsaftschorle ist das optimale Getränk, überall erhältlich und noch dazu preiswert. Bei Extrembedingungen tun es auch isotonische Getränke.*

In Athen zahlte es sich aus, daß wir uns im Vorfeld ausgiebig mit dem Problem des Flüssigkeitsverlustes beschäftigt hatten. Christian war einer der wenigen Sportler, der genügend Trinkflaschen direkt neben sich am Stand hatte. Für das Stehend- und Kniendschießen hatte er sich eine spezielle Flaschenhalterung am Stativ gebaut.

So hatte er seine Getränke immer in Sichtweite und konnte sich im Bedarfsfall bei jedem Nachladen bedienen. Im Unterschied zu ihm hatten viele Sportler ihre Getränkeflaschen hinter sich auf der Ablage stehen, so daß sie nur beim Stellungswechsel trinken konnten – was sich mit Sicherheit nachteilig auf ihre Leistung auswirkte.

Naturtrüber Apfelsaft neutralisiert Giftstoffe. Studien zeigen: Dank seines extremen Gehaltes an natürlichem Vitamin C (hundertachtzigmal so wirksam wie synthetisches Vitamin C!) ist Apfelsaft in der Lage, krebsauslösende Moleküle im Körper zu neutralisieren.

Daß viele Menschen mit Streß nicht fertig werden, hat oft mit Magnesiummangel zu tun. Und umgekehrt: Wird der Biostoff Magnesium ausreichend zugeführt, hilft er dem Körper, Adrenalin abzubauen.

> **Mein Tip:**
> *Mineralwasser oder auch Apfelsaftschorle mit hohem Magnesiumgehalt trinken.*

Das Schießen bei Wind und Mirage

„Nur wer seine Probleme kennt, kann sie lösen."

Als wir nach vierzehn Tagen den Ist-Zustand festgestellt hatten – der äußere Anschlag stimmte und die richtige Technik war zu rund 90 % vorhanden –, gingen wir nach und nach daran, uns mit dem Schießen bei Wind und Mirage, das heißt mit dem Flimmern heißer Luftschichten zu beschäftigen. Es war klar, daß im hochsommerlichen Athen extrem heiße Temperaturen herrschen und der Wind kräftig wehen würde.

Wir beschafften uns deshalb drei starke Ventilatoren, mit denen wir auf der Eisentaler Anlage künstlich Wind erzeugten, stellenweise verstärkt im Schützenbereich, in der Mitte der 50-Meter-Anlage und bei der Zielscheibe. Mitunter wurden die Ventilatoren auch auf der gesamten Anlage verteilt.

Ein guter Schütze weiß, wie er bei den angesprochenen schwierigen Bedingungen vorgehen muß. Der deutlichste Hinweis auf Wind ist die Bewegung der Windfahne, woran er sieht, wie stark der Wind ist und aus welcher Richtung er kommt. Auch das Gras, die Äste der Bäume oder die Regenrichtung geben Aufschlüsse. Während des Schießens ist es notwendig, den Wind permanent zu beobachten.

Die Abdrift nach oben oder unten ist wesentlich geringer als die zur Seite (weniger 20 %). Die Auswirkungen sind um so größer, je früher und stärker der Wind am Geschoß angreift. Wind von vorne oder hinten ist relativ selten und nahezu unproblematisch.

Im Unterschallbereich sind langsamere Geschosse weniger windanfällig.

Der Schütze muß die Wirkungen des Windes auf das Schießverhalten kennen.

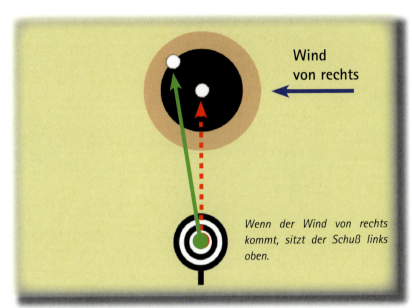

Wenn der Wind von rechts kommt, sitzt der Schuß links oben.

Wenn der Wind von links kommt, sitzt der Schuß rechts unten.

Dieses Foto verdeutlicht den Abstand von Christians Kopf zum Diopter.

Diopter im Vergleich: Links ein „normaler" Diopter und rechts der Winddiopter.

Für die Schießtechnik gilt:

Sie muß perfektioniert und automatisiert sein, will man bei Wind hohe Resultate erzielen. Die spezielle Kondition wird dabei stark gefordert.

(Anmerkung für Nichtschützen: Die spezielle Kondition bezieht sich auf die Ausdauer in der Haltung des Gewehranschlages.)

Allgemein gilt, daß Schießen bei Wind große Geduld erfordert. Wer die Geduld verliert, hat schon verloren. Trotz allem muß eine gewisse Risikobereitschaft zum Abziehen auch bei einem nicht idealen Zielbild vorhanden sein.

Es gibt klare Taktikvorgaben bei Wind: Ändert der Wind seine Richtung oder Stärke zu sehr, sollte nicht geschossen werden. Wenn vereinzelt Windpausen eintreten oder Phasen, in denen der aus einer vorherrschenden Richtung kommende Wind nachläßt, dann sollten diese abgewartet werden.

Christian verfügt über einen Wind-Diopter der Firma Centra mit geschliffenen Feingewindespindeln (1 Klick – 1,22 mm auf 50 m), der kleinsten Iris-Blende, einem Parabolspiegel sowie einer selbstgebauten Verlängerung. Ein Wind-Diopter ermöglicht im Gegensatz zu einem herkömmlichen Diopter, daß der Schütze mit dem zielenden Auge mehr von seiner Umgebung, also z. B. Windfahnen, Gras oder Äste wahrnimmt. Das hat den Vorteil, daß Christian auf diese Windindikatoren agieren kann. Die selbstgebaute Verlängerung bewirkt, daß er mit seinem zielenden Auge an den Diopter näher herankommt.

Probeschießen

> „Stets findet Überraschung statt, wenn man's nicht erwartet hat."

Beim Probeschießen wird die Wirkung des Windes getestet. Einige Probeschüsse sollten bewußt in den Wind geschossen werden, da der Diopter auf die gewählte Taktik eingestellt werden muß. Im Zweifelsfall ist weniger Zeit für das Probeschießen zu verwenden, damit mehr Zeit für geduldiges Wettkampfschießen zur Verfügung steht.

Wir mußten uns aber nicht nur auf Wind, sondern auch auf Mirage einstellen. Das Flimmern der heißen Luftschichten sorgt dafür, daß die Scheibe höher erscheint als sie tatsächlich ist. Dies führt zu sogenannten Hochschüssen. Die Auswirkungen von Mirage sind dann besonders groß, wenn grelles Sonnenlicht und bedeckter Himmel wechseln und somit die Lichtverhältnisse sich ständig ändern. Wichtig bei Mirage ist eine kurze Zielzeit, da das Zielbild sonst noch stärker verschwimmt.

> „Athener Verhältnisse" in Eisental

Es gibt für alles zwei Zeitpunkte, den richtigen und den verpassten. Wir haben in der Vorbereitung nichts dem Zufall überlassen. Neben den Ventilatoren wurden weitere Hilfsmittel eingesetzt, um so wirklichkeitsnah wie möglich trainieren zu können. Es galt, Athener Verhältnisse im Schützenhaus von Bühl-Eisental zu schaffen. Das Landesleistungszentrum stellte uns eine Heizmatte zur Verfügung, aus einem Erste-Hilfe-Set entliehen wir uns Alufolie, in die Christian eingepackt wurde – und schon hatten wir die gewünschten Temperaturen. Der Schweiß floß während der Trainingseinheiten in Strömen – genau wie wir uns das „gewünscht" hatten.

Um sich auch optisch auf die Athener Anlage einzustellen, baute Christian in Eigenarbeit den Eisentaler Schießstand im Bereich der Zielscheibe entsprechend um. Schließlich wurde der Holzaufbau auch noch farblich dem Athener Modell angepaßt. Nachdem sich Christian persönlich darum bemüht hatte, stellte ihm die Firma Meyton schließlich eine elektronische Anlage für das Training zur Verfügung.

Fit für das Finale

„Optimisten lassen sich nicht aufhalten."

In so gut wie jedem Training wurde speziell das Finalschießen geübt. Es ist klar, daß sich Vorkampf und Finale grundlegend unterscheiden.

Während des Vorkampfs schießt Christian in einem sehr zügigen Rhythmus. Die 60 Schuß erledigt er in ungefähr 30 Minuten. Normalerweise geht er dabei nicht aus dem Anschlag heraus. Im Finale indes gibt es für alle Teilnehmer eine Zeitvorgabe von 45 Sekunden pro abzufeuernder Schuß. Es muß gewartet werden, bis der letzte Schütze geschossen und der Sprecher die Resultate aller Finalisten durchgegeben hat. Das wiederum bedeutet, daß Christian nach jedem Schuß aus dem Anschlag heraus muß – mehr noch, daß er sich gravierend umstellen muß.

Zum einen wurde also der Umgang mit dieser Situation geübt, zum anderen ging es darum, ein Gefühl für die Dauer von 45 Sekunden zu entwickeln. Dabei ist zu bedenken, daß diese Zeit – sollte etwas nicht passen – völlig ausreicht, um aus dem Anschlag herauszugehen und ihn neu aufzubauen. In einem Wettkampf ist der Sportler erhöhtem Streß ausgesetzt. Bei Olympischen Spielen oder sonstigen Großveranstaltungen gilt dies um so mehr. Damit muß der Sportler umgehen können. Christian war auf alles vorbereitet. Es gab im Training beabsichtigte Störungen und Ablenkungen. Gezielte Provokationen gehörten zum Programm.

Beispiel: Bei einer Leistungskontrolle hatte Christian 56 Zehner in Folge geschossen. Da griff ich ein und sagte einige Dinge, von denen ich wußte, daß er sich dadurch angegriffen fühlen würde. Die Wirkung blieb nicht aus. Unter den letzten vier Schüssen waren drei Neuner. Der Sportler war darüber erbost, geradezu erregt und „sauer" auf mich. Das nahm ich in Kauf, schließlich hatten die Provokationen ihren Zweck erfüllt. Der Ablauf hatte mir gezeigt, daß er noch nicht soweit war, um 600 Ringe schießen zu können. Er war mental einfach noch nicht bereit. In dieser Richtung mußte also weitergearbeitet werden – und wurde auch weitergearbeitet. Wie sich das eigene Potential punktgenau abrufen läßt, sollte Christian später durch Rainer lernen.

In jedem Fall empfehlenswert sind die im folgenden aufgelisteten Strategien zur Streßbekämpfung:

- *Meditation entspannt sofort, wirkt positiv auf Gehirnfunktionen und Immunsystem. Einfach einen ruhigen Platz suchen, Augen schließen und in Gedanken ein klangvolles Wort wiederholen.*
- *Ohrmuschel mit Daumen und Zeigefinger kneten, dann kräftig an den Rändern auf- und abwärts reiben. Der Griff stimuliert bestimmte Reflexzonen, welche die Konzentration steigern und Streß abbauen.*
- *60 Sekunden aufs Brustbein klopfen.*
  Effekt: Die Thymusdrüse produziert ein Hormon, das belebt und die Abwehr stärkt.
- *Lavendelöl ist ein hochwirksamer Streßkiller. Die eingeatmeten Duftmoleküle passieren die Blut- und Hirnschranken und beruhigen diese.*

Mein Tip:
Fünf Tropfen aufs Kissen geben – das fördert den Schlaf.
- *Laufen ist die beste Waffe gegen Streß. Es trainiert die meisten Muskelgruppen, stärkt die Abwehr und reduziert Streß.*

In Intervallen zum Optimum

Das Intervalltraining ist ein probates Mittel, um dem Schützen Selbstvertrauen zu vermitteln. Der Ablauf ist einfach. Zunächst wird versucht, 18 Zehner am Stück zu schießen. Darauf folgt eine kurze Besprechung, wobei wohlgemerkt nur die positiven Seiten hervorgehoben werden. Anschließend richtet sich der Schütze wieder ein, um sein Ergebnis zu wiederholen beziehungsweise zu verbessern. Die nächste Serie geht also über 22 Schuß – anschließend Pause, Besprechung und nächster Durchgang. So soll sich der Schütze allmählich an die Idealzahl von 60 Zehnern herantasten.

Der psychologische Hintergrund ist der, daß dem Schützen damit nach und nach vermittelt wird, daß er ausschließlich Zehner schießen kann. In kleinen Schritten ist dies verständlicherweise eher machbar als bei 60 Schüssen in Folge. Durch die zahlreichen Unterbrechungen und Neuansätze während des Übungsablaufs wird – dies ein positiver Nebeneffekt – das richtige Hinlegen und Einrichten am Schießstand automatisiert.

Die Fähigkeit zu lernen

„Wer fragt, ist dumm; wer nicht fragt, bleibt dumm."

Die Erkenntnisse der Hirnforschung lassen sich in wirksame Lernstrategien umwandeln, die ich wiederum im täglichen Training anwende. Von besonderer Bedeutung ist dabei der Teil des Großhirns, der in der Fachsprache „Hippocampus" genannt wird und der wie ein Muskel funktioniert – Training läßt ihn wachsen. Der Hippocampus ist nicht nur ein Zwischenspeicher für neu erworbenes Wissen und Erlebnisse, sondern er übernimmt auch die Aufgabe, eine Erinnerung nach einer gewissen Zeit an die Hirnrinde weiterzuleiten, um sie dort im Langzeitgedächtnis abzulegen. Mit diesem Teil des Gehirns lernen wir nicht nur Fremdsprachen, Physik und Mathematik, hier ist vielmehr auch das räumliche Orientierungsvermögen angesiedelt. Je mehr wir es nutzen, desto mehr Zellen und Verbindungen wachsen im Hippocampus. Das wiederum führt dazu, daß sich die Leistungsfähigkeit dieses Hirnbereichs erhöht, was sowohl im täglichen Leben als auch im Sport zu Verbesserungen führt.

Der größte Feind des Gehirns ist die Monotonie. Abwechslung im Alltag hingegen fördert das Wachstum der winzigen Verästelungen der Nervenzellen (Fachausdruck: Dendriten), die das Gehirn buchstäblich jung erhalten. Nicht anders verhält es sich mit dem Training: Durch Abwechslung werden Impulse gesetzt, die letztlich eine höhere Leistungsfähigkeit bewirken.

Im Schlaf lernen

„Wer schläft, sündigt nicht."

Ohne einen wachen Geist hat ein Sportler, ob Fußballer, Schwimmer, Boxer oder Schütze, keine Aussichten, Topleistungen zu bringen. Wissenschaftliche Untersuchungen haben gezeigt, daß – aus subjektiver Sicht ausreichend – (Tief-)Schlaf eine der Voraussetzungen ist, um das am Tag Geübte im Gehirn abzuspeichern. Erwiesen ist etwa, daß Tennisspieler die Schläge, die sie auf dem Platz immer und immer wieder ausgeführt haben, nachts im Gehirn abspulen und so automatisieren. Als Beispiel kann in diesem Zusammenhang auch der Musiker angeführt werden, der tagsüber erhebliche Schwierigkeiten beim Einüben eines schweren Stückes hat, um dann nach durchschlafener Nacht am nächsten Morgen plötzlich fehlerfrei aufzuspielen.

Auf gleicher Wellenlänge

„Nichts im Leben muß man fürchten, man braucht es nur zu verstehen."

Jeder von uns hat in seinem Leben schon die Erfahrung gemacht, daß die „Chemie" zwischen zwei Menschen stimmt – oder eben nicht stimmt. Im Falle von Christian und mir herrscht in vielen Bereichen eine völlige Übereinstimmung. „Wir funken auf der gleichen Wellenlänge", wie man so schön sagt.

Das ist sicher kein Zufall. Amerikanische Forscher haben im rechten Frontallappen des Gehirns ein erbsengroßes Gebilde entdeckt, das für den Empfang übersinnlicher Wahrnehmungen verantwortlich sein soll. Diese Annahme wird durch Experimente erhärtet: Besagter Gehirnbereich wurde immer dann aktiv, wenn an Versuchspersonen telepathische Botschaften gesendet wurden.

Ich bin der festen Überzeugung, daß es solche Phänomene gibt.

Es gilt deshalb, die positiven „Strahlen" zu nutzen und die negativen zu vermeiden bzw. auszuschalten.

Möglicherweise gelingt letzteres nicht oder nicht auf Anhieb. Dann ist dies noch lange kein Grund zur Resignation. Ein Sportler sollte vielmehr versuchen, aus der Beziehung zu seinem Trainer „herauszutreten" und diesem hinfort auf einer rein sachlichen Ebene zu begegnen, d. h. insbesondere aus seinem großen Wissensreservoir zu schöpfen. Da zumindest dieser Aspekt positiv besetzt im Sinne von nutzbringend ist, besteht über diesen Umweg sogar, so paradox dies klingen mag, die Chance einer persönlichen Annäherung.

Trainerphilosophie: Agieren statt reagieren

> *„Fürchte den Bock von vorn, das Pferd von hinten und den Trainer von allen Seiten."*

Ein Trainer muß Ruhe ausstrahlen und aus dieser Ruhe heraus arbeiten. Und er muß, wenn er während des Trainings in den Schießablauf eingreift, agieren und darf nicht reagieren. Das bedeutet: Er muß erahnen, wann mit keinem optimalen Schuß zu rechnen ist. Dieses Feingefühl zu entwickeln, vorauszuschauen und beispielsweise am Springen des Gewehrs, am Schießrhythmus oder am Nachzielen „Nicht-Zehner" zu erkennen, ist die eine Aufgabe des Trainers. Die andere, keine geringere Kunst, besteht darin, dem Sportler zu vermitteln, wie er dieses Feingefühl für sich selbst entwickeln kann. Im Wettkampf muß er selbst in der Lage sein, zu spüren, wann die „Nicht-Zehn" im Verzug ist. Nimmt der Sportler einen solchen Moment wahr, muß er den Wettbewerb unterbrechen – und, was in dieser Situation ebenso von größter Wichtigkeit ist, trinken, trinken und nochmals trinken.

Im Negativen das Positive sehen

> *„Die Erfahrung ist eine strenge Lehrerin, sie stellt zuerst die Prüfungsaufgabe und beginnt dann mit dem Unterricht."*

Ein Trainer muß in der Lage sein, seinem Sportler Handwerkszeug, sprich Anleitungen zu geben, die es ihm ermöglichen, jederzeit positiv zu denken – auch und gerade dann, wenn er ein Negativerlebnis zu verarbeiten hat.

> *Ein Beispiel: Christian flog im Vorfeld der Olympischen Spiele nach Birmingham, um vor Ort beim Munitionshersteller Eley die optimale Munition zu*

ordern. In England lief dann aber schief, was nur schieflaufen konnte. Christians Gewehr traf nicht ein, die Munition konnte folglich nicht getestet werden, Christian mußte unverrichteter Dinge wieder nach Hause zurückkehren.

Als wir uns beim nächsten Training begegneten, las ich aus seinem Gesicht, aus seiner Mimik und Gestik die negative Grundhaltung, die sich dahinter verbarg. Seine Stimme, seine Art zu sprechen verstärkten diesen Eindruck noch.

Für mich als Trainer ging es also darum, das Negative sofort zu verarbeiten, indem die Mißstände besprochen wurden.

Ich sagte Christian folgendes: „Es geht nicht immer nur bergauf, sondern auch mal bergab. Sei froh, daß es jetzt dumm gelaufen ist und nicht bei Olympia. Vielleicht wandelt sich ja dein momentanes Pech bei Olympia in das notwendige Quäntchen Glück um."

Im nachhinein stellte ich fest, daß alles so gekommen war, wie ich es gesagt hatte.

Mein Tip zum Munitionstest:

Das Gewehr nicht, wie sonst bei Munitionstests üblich, im Schraubstock am Lauf einspannen, sondern vielmehr in einem speziellen Schießbock, am Schaft. Bei verschiedenen Witterungsbedingungen in aller Ruhe testen. Zum Beispiel, wie sich die Munition bei Wind verhält. Ab einem Leistungsniveau von Mitte 580 sollte eine ausgesuchte Munition verwendet werden.

Ist das Glas halbvoll oder halbleer?

„Kritik ist wertvoller als Lob."

Bei dieser Frage nach dem Zustand des Glases geht es, im Bild gesprochen, darum, daß ein Trainer wissen muß, wie es um seinen Sportler steht. Er muß den Ist-Zustand des Sportlers kennen. Wenn ich Durst habe, muß das Glas halbvoll sein. Wenn ich keinen Durst habe, muß das Glas halbleer sein. Ein halbleeres Glas kann für einen Sportler unter den gegebenen Umständen also genauso angesagt sein wie ein halbvolles. Ein Trainer muß die Gabe haben, zu sehen, was sein Schützling gerade braucht: Lob, Streicheleinheiten oder Kritik.

Beispiel: Bei den Deutschen Meisterschaften in München erzielte Christian mit 1.173 Ringen im Dreistellungskampf ein sehr gutes Resultat und schien mit sich und der Welt zufrieden. Ein Lob brauchte er bei diesem Ergebnis nicht. Es war eher geboten, die euphorische Stimmung ein wenig abzudämpfen. Deswegen meine Reaktion: „So gut war das nicht."

Ich hatte auch einen Grund für diese Einschätzung parat: Christian hatte kniend mit neun guten Zehnern begonnen und dann eine Acht geschossen.

Ich weiter: „Das darf nicht sein, das geht nicht!" Schon aus psychologischen Gründen muß der Sportler die Zehner voll machen oder wenigstens eine Neun schießen. „Damit kannst Du die Gegner schocken und ihnen zeigen, daß heute dein Tag ist. Mit einer Acht erreichst Du das nicht." Auf der anderen Seite muß der Achter aber auch schnell abgearbeitet werden, damit er abgehakt werden kann.

Mein Tip:

Wenn ein Sportler oben ist, auf Streicheleinheiten verzichten. Die benötigt er dann, wenn er unten ist. In diesem Fall darf ich als Trainer keineswegs auch noch auf seinen Enttäuschungen oder Frustrationen herumtrampeln.

Fehleranalyse

„Ich will etwas schaffen, auf das ich stolz sein kann."

Im Vorfeld der Olympischen Spiele haben wir die Startphase beim 3 x 40 (Dreistellungskampf) trainiert. Christian sollte stehend 40 Schuß Leistungskontrolle schießen. Der Ablauf war klar abgesprochen und bereits unzählige Male zuvor praktiziert worden: hinstellen, einrichten, Probe schießen.

Wenn alles paßt, Einstellungen, Anschlag und vor allem der innere Anschlag, wird der mentale Startknopf gedrückt. Damit ist klar: Ich bin bereit, jetzt kann ich endlich zeigen, was ich drauf habe.

Christian geht also in den Anschlag. Der erste Schuß: 9, der zweite Schuß: 8, der dritte Schuß: 8. Katastrophal! Christian geht aus dem Anschlag. Keiner spricht ein Wort. Nach einer kurzen Pause will er weiterschießen. Ich spüre, daß etwas nicht stimmt, und rede ganz ruhig und so leise, daß Christian die Ohrenstöpsel entfernen muß, um etwas zu verstehen.

Ich: „Christian, so geht das nicht!"
Er schaut mich ziemlich „baff" an und errötet. Ich spüre seine Erregung.
Ich weiter: „Was soll das?"
Darauf er: „Ich weiß auch nicht."
Und wieder ich: „So haben wir das nicht geübt, so machen wir es nicht. Jetzt wird abgebrochen und dann zeigst du mir, wie es richtig geht, wie du es in Athen machen wirst!"

Christian war in diesem Moment sehr angespannt und innerlich aufgewühlt.

==„Wir können jetzt nicht unterbrechen, wir sind in der Leistungskontrolle."==

Schließlich beginnt er die ganze Prozedur doch noch einmal von vorne: hinstellen, einrichten, Probe schießen. Wenn alles stimmt, den Knopf drücken und schießen.

Und wie er das tut: Er beginnt mit fünf Zehnern und schließt die erste Serie mit 98 Ringen ab!

In dieser Szene ist beschrieben, wie es aus meiner Sicht laufen muß.

Christian hatte sich in diesem Fall zunächst nicht an die Vorgaben gehalten: Er war noch nicht bereit fürs Schießen. Obwohl genau besprochen war, daß er erst anfangen darf, wenn alles stimmt. Ich selbst hatte jedoch gemerkt, daß er noch nicht so weit war. Ich hatte gesehen, wie er sich vorbereitete, wie er das Gewehr aufnahm. Ich verfolgte seinen Schießrhythmus, beobachtete, wie er nachzielte und wie er das Gewehr ablegte. Da wurde mir klar, was los war.

Letztendlich aber geht es darum, den Sportler dahin zu bringen, daß er selbst erkennt, wie es um ihn steht. Er muß lernen, in sich hineinzuhören. Der innere Anschlag muß stimmen – das heißt, es darf nicht zuviel und nicht zuwenig Muskelspannung vorhanden sein. „Nicht verspannen, nicht verkrampfen", lautet die Devise.

In einer Situation wie der oben skizzierten muß das Verhalten mit dem Sportler kurz besprochen werden. Die Diskussion über die Fehler darf aber nie vertieft werden. Danach muß der Sportler sofort zeigen, wie es richtig geht – und er muß das Richtige speichern – und nicht das Falsche, das Negative. Er muß speichern, wie er Zehner schießen kann. Die Kunst besteht darin, die Feh-

"Think positiv". Der Schütze soll stets an die Zehn denken, dann kommt sie auch.

ler nicht zu verdrängen, sondern abzuarbeiten, d. h. aus ihnen zu lernen. Nur so kann man sich danach wieder voll auf die Sache konzentrieren.

Zehner

„Der Grübelnde ist immer der Dumme."

Der Sportler darf normalerweise nicht an die Zehn denken. Er muß sich vielmehr den Satz vor Augen halten: „Ich muß sauber und konzentriert meine Arbeit machen." Wenn er aber dennoch an einen Schußwert denkt, dann immer nur an die Zehn. Die Erfahrung lehrt: Wenn ich 25 oder meinetwegen 35 Zehner geschossen habe und denke, hoffentlich kommt jetzt keine Neun, dann kommt die Neun garantiert.

Wenn mir also der Gedanke an eine Neun durch den Kopf geht, muß ich den Wettkampf sofort unterbrechen und eine kleine Pause einlegen. Die Neun muß in dieser Zeit abgearbeitet werden. Dann muß ich mich wieder auf mein sauberes und konzentriertes Schießen konzentrieren – und wenn ich an einen Schußwert denke, dann immer nur: Noch eine Zehn, noch eine Zehn ...

Motivation

> *"Behandle jede Frau wie eine Königin, jeden Mann wie einen König. Nur wer all seinen Mitmenschen mit Respekt begegnet, wird von ihnen auch wirklich respektiert."*

Der Trainer muß eine positive Grundstimmung schaffen. Nur so läßt sich erfolgreich arbeiten.

Beispiel 1: Wenn ich auf den Schießstand komme und die Sonne scheint, freue ich mich darüber und lasse den Sportler an meiner Freude teilhaben. "Ein Superwetter, das macht Spaß heute!"

Wenn es regnet und windig ist, freue ich mich genauso. "Das ist ein Spitzenwetter, da können wir super trainieren. Bei schönem Wetter können alle gut schießen. Da aber auch bei schlechtem Wetter geschossen wird, muß das besonders trainiert werden."

Außerdem: "Wer bei schwierigen Bedingungen gut schießt, kann es bei guten Bedingungen erst recht!"

Beispiel 2: Daß vor einem Wettkampf, zumal vor Olympischen Spielen, die Nervenanspannung enorm ist, kann jeder nachvollziehen. Die Frage ist, wie ich mit dieser Situation fertig werde.

Ich kann mir einreden: „Ich bin nicht nervös." Was ich für Schwachsinn halte. Es ist Unsinn, sich etwas einreden zu wollen, was nicht der Realität entspricht.

Für Christian hieß es vielmehr in der positiven Umkehrung: „Hoffentlich ist es bald zwölf Uhr, hoffentlich geht es bald los, daß ich zeigen kann, was in mir steckt."

Wissenschaftliche Studien belegen: Die ersten 60 Minuten des Tages sind entscheidend. Sie stellen die Weichen dafür, wie wir uns rund um die Uhr fühlen – 23 Stunden lang.

Mein Tip:

Pluspunkte für den Tag sammeln:
- *Wasser wirkt besser als Kaffee*
- *Mate-Tee wirkt Wunder für den IQ*
- *Lesen senkt Streßhormone*
- *Kälteschock killt Keime*
- *Frühstücksdrink für Sieger*
- *Müsli liefert Treibstoff für 4 Stunden*

Minuspunkte für den Tag vermeiden:
- *Schwarztee*
- *Morgens hungern*
- *Blitzstart*
- *Warme Dusche*

Kreative Pausen einlegen

„Negative Gedanken führen zu Tatenlosigkeit."

Ein Prinzip in der Trainingsarbeit ist der gegenseitige Austausch. In den Umbauphasen beim Stellungswechsel bietet sich dafür die beste Gelegenheit. Es wird bei uns sehr viel gesprochen. Als Trainer muß ich meinen Sportler kennen, muß wissen, wie er denkt, wann er mich braucht.

Auch unangenehme Dinge, die man in der Regel lieber totschweigen würde, müssen angesprochen werden. Wenn Christian beispielsweise mit einer Freundin liiert wäre, die ein Problem mit Sport hätte, würde ich ihm unmißverständlich meine Meinung dazu sagen. Spitzenleistungen im Schießen zu bringen, wäre in diesem Fall unmöglich.

Zur Klarstellung: Gott sei Dank steht Christians Freundin Andrea voll und ganz hinter seinem Sport und unterstützt ihn, wo es nur geht.

An die Grenzen gehen

„Es wird nicht belohnt, wenn du beginnst, es wir nur belohnt, wenn du durchhältst."

Wenn wir um 18 Uhr mit dem Training begannen, hatte Christian bereits einen Arbeits- oder Studientag hinter sich. Das hieß aber nicht, daß er deswegen geschont wurde. Ich testete immer wieder aus, wo die Schmerzgrenze etwa bei Provokationen liegt, und lotete dadurch die Belastbarkeit aus. Ich wollte wissen, wie Christian sich verhält, wenn die Konzentration nachläßt, um dann entsprechend entgegenzuwirken.

Mehr als einmal kam es vor, daß Christian bei der Abschlußbesprechung gegen 23.00 Uhr eindöste. Er hatte im wahrsten Sinne des Wortes bis zur völligen Erschöpfung trainiert.

Absolutes Vertrauen

„Ich glaubte an meinen Traum, immer."

Absolutes gegenseitiges Vertrauen ist unabdingbare Voraussetzung für eine erfolgreiche Zusammenarbeit. Wenn einer von uns beiden sagt: „Da steht ein Hochhaus", dann steht da auch ein Hochhaus – gleichgültig, ob es von anderen als Hochhaus angesehen wird oder nicht. Wir beide wissen, was wir als Hochhaus bezeichnen. Wir liegen auf der gleichen Wellenlänge und können uns aufeinander verlassen.

Mein Glaube

„Gerade in Extremsituationen gibt es keinen besseren Streßkiller als Beten. Es macht innerlich stark und schenkt neue Kraft."

Die Sportler, die ich betreue, können sich hundertprozentig auf mich verlassen. Garant dafür ist mein Glaube an Gott. Ich bin Katholik, allerdings kein regelmäßiger Kirchgänger.

Was wiederum damit zusammenhängt, daß ich sonntags meist bei Wettkämpfen und Lehrgängen bin. Trotzdem bezeichne ich mich als gläubigen Menschen. Ich achte meinen Nächsten, bin ehrlich und korrekt. Das sind die Eigenschaften, die einen gläubigen Menschen kennzeichnen.

Ich habe keine Probleme damit – man denke nur an den großen Empfang für Christian in Eisental –, Gott in aller Öffentlichkeit für das Erreichte zu danken. Ich bin mir auch sicher, daß durch Beten im Menschen etwas geschieht. Im unmittelbaren Umfeld eines Wettkampfes kann ich freilich nicht beten, da bin ich voll auf die Sache konzentriert.

Beim Gewinn der Silbermedaille war, so glaube ich, auch ein Stück Gerechtigkeit von Gottes Seite dabei war. Christian hatte soviel Zeit geopfert und seine ganze Lebensweise auf die Olympischen Spiele ausgerichtet. Da war das Quäntchen Glück, das man bei so einem Wettkampf braucht, so eine Art Pluspunkt von höchster Stelle.

Andrea freut sich mit ihrem Christian über die Silbermedaille.

Meine Familie

„My home is my castle."

Die Unterstützung durch meine Familie war ein ausschlaggebender Faktor für die erfolgreiche Arbeit mit Christian. Meine Familie stand (und steht) voll und ganz hinter mir. Sie hat mir immer wieder Kraft gegeben, das hohe Ziel in Athen nicht aus den Augen zu verlieren.

Männer dominieren die Familie Lusch. Vater Manfred und Mutter Luzia mit ihren vier Söhnen Christian, Peter, Benjamin (rechts) und Andreas (vorne).

Die Olympischen Spiele aus Trainersicht

> *„Entweder sind das zwei Irre oder die holen eine Medaille!"*
> *(Sportjournalist Daniel Merkel aus Baden-Baden,*
> *der die Olympia-Vorbereitungen des Duos Lusch/Blattmann*
> *begleitet hatte)*

Das Training

> *„Training – das heißt üben, üben und nochmals üben,*
> *aber immer nur eine Sache üben."*

Christians olympischer Wettkampf im Kleinkaliber liegend fand am Freitag, dem 20. August im Schießzentrum von Markopoulo statt. Ich betete, daß es ein heißer, sonniger und windiger Tag würde. Als ich am Morgen gen Himmel blickte und sich keine Wolke zeigte, wußte ich: Christian ist heute vorne mit dabei. Wir hatten diese Bedingungen zu Hause beim Training simuliert, so daß Christian, der ohnehin gerne schießt, wenn es hell ist, im Grunde einen Heimvorteil hatte.

Daß Christian in Topform war, wußte ich spätestens nach dem freien Training am 18. August und dem offiziellen Training einen Tag später. Beide Trainings sowie den Wettkampf mußte ich aufgrund der nicht vorhandenen Akkreditierung von den Zuschauerreihen aus verfolgen.

Christian versuchte, anhand verschiedener Linien auf dem Boden seinen äußeren Anschlag zu finden und danach auszuprobieren, wie sich Wind und Mirage auswirkten. Er schoß in dieser Phase des Taktierens bewußt in den Wind hinein, um auszutesten, wo die Schüsse bei verschiedenen Windrichtungen saßen.

Beim offiziellen Training, das er auf seinem Wettkampfstand absolvierte, hatte Christian zunächst Probleme, den Anschlag zu finden. In dieser Phase machte sich die akribische Vorarbeit bezahlt. Da ich Christian und seinen Anschlag sehr gut kannte und den Anschlag zudem auf meiner Digitalkamera dokumentiert hatte, konnte ich der Bundestrainerin Claudia Kulla, die Christian beim Wettkampf betreute, die korrekte Position ganz genau zeigen. Christian vermochte so seinen Anschlag zu korrigieren, womit die Grundlage für einen optimalen Wettkampf geschaffen war.

Unsere Taktik war, immer dann zu schießen, wenn sich die Windfahne bewegt, und zwar immer gleich stark.

Wenn der Wind weht, gibt es praktisch keine Mirage. Das hieß wiederum für Christian: Bei Windpausen darf nicht geschossen werden. Und genau das war der Joker.

Christian war am Ende dieses Trainings klar, welche Taktik er am nächsten Tag anwenden würde. Die Übungseinheit beendete er mit 18 Zehnern am Stück, so wie wir das auch zu Hause praktiziert hatten. Er war sich damit sicher, immer und jederzeit Zehner schießen zu können, auch unter schwierigen Bedingungen. Dies ist für einen Schützen psychologisch unheimlich wichtig. Auch für mich stand nun fest: Das gibt eine Medaille.

Als es dann am 20. August exakt um 12.00 Uhr mittags losging, herrschten in Athen 40 Grad Celsius, die Sonne schien gleißend hell, und es wehte ein kräftiger Wind. Wir hatten diese Bedingungen zu Hause erzeugt und geübt. Zu Christian hatte ich vor dem Wettkampf gesagt: „Schau dir das an, das ist dein Tag. Du kannst unter diesen Bedingungen super schießen. Das ist optimal für dich. Freu' dich auf den Wettkampf."

Wo sind die Schlachtenbummler?

„Lieber spät als nie."

Zuvor mußte aber noch eine schwierige Situation gemeistert werden, die unsere Pläne unter Umständen hätte durchkreuzen können. Zur Unterstützung ihres Olympioniken hatte sich eine dreizehnköpfige Schlachtenbummlerdelegation aus Eisental, angeführt von Christians Vater Manfred und Freundin Andrea, in die griechische Hauptstadt aufgemacht. Christian freute sich riesig auf seine Leute, die allerdings am Tag der Entscheidung auf sich warten ließen.

Der Wettkampf rückte näher und näher und es tat sich nichts. Die Plätze der Eisentaler Schützenfreunde blieben leer. Christian, der immer mal wieder

Die eisernen Anhänger aus Mittelbaden bejubelten Christians Erfolg im Schießen.

nach hinten in Richtung der Ränge blickte, bemerkte natürlich das Fehlen der sehnlichst erwarteten Fans. In seinem fragenden Blick konnte ich die Enttäuschung darüber ablesen und erkennen, wie sehr ihn dieser Umstand beschäftigte.

Es bestand Handlungsbedarf. Ich ging also von meinem Platz aus nach vorne, beugte mich über das Tribünengeländer und nahm Kontakt zu Christian auf, der sich auf einen Stuhl stellte und von unten fragte: „Wo bleiben sie denn nur?" Dies war eine Frage, auf die blitzschnell eine Antwort gefunden werden mußte. Diese Antwort mußte geeignet sein, Christian die innere Unruhe zu nehmen. Was ein Trainer in solch einer Situation auf keinen Fall sagen darf: „Ich weiß es nicht." Damit hätte er schon verloren.

Mir war klar, daß die Gruppe auf jeden Fall eintreffen würde. Mir war auch bewußt, daß angesichts der weiten Anreise von der Unterkunft bis zur Schießanlage und den umfassenden Sicherheitskontrollen an der Zufahrt zu ebendieser Verzögerungen einkalkuliert werden mußten. Ich wußte zwar nicht genau, was los war, hatte aber meine Schlüsse aus den Umständen gezogen.

Somit lautete meine Antwort: „Es ist ausgemacht, daß sie erst nach Beginn des Wettkampfes kommen werden, um dich nicht abzulenken." Ich denke, daß dem Sportler in der gegebenen Situation damit am besten gedient war. Christian konnte in aller Gelassenheit seinen Wettkampf angehen.

Mein Gefühl hatte mich zumindest in einer Hinsicht auch nicht getäuscht. Es war tatsächlich so, daß die Fans Probleme mit den Verkehrsverbindungen hatten und erst kurz vor Wettkampfbeginn in Markopoulo eintrafen. Was ich letztlich aber nicht ahnen konnte, waren die Schwierigkeiten am Eingang der Anlage. Die zu Hause extra angefertigten Christian-T-Shirts mit der Aufschrift: „50m Rifle Tour / Christian Olympia Athens 2004" erregten das Mißtrauen des Aufsichtspersonals. Da das Athener Olympia-Emblem gut sichtbar aufgedruckt war, vermuteten die gewissenhaften Kartenkontrolleure unerlaubte Werbung am Mann bzw. an der Frau, was zu endlosen Diskussionen und einer weiteren Verzögerung beim Anmarsch führte.

Es bedurfte aller badischen Überredungskünste, um endlich freien Durchgang zu erhalten. Christian hatte von all der Aufregung glücklicherweise nichts mitbekommen und konnte sich in aller Ruhe auf seine Aufgabe konzentrieren. Während seiner Vorbereitungen merkte er schließlich, daß es auf den Zuschauerrängen hinter ihm lebendig wurde. Sie waren also da, der olympische Wettkampf konnte beginnen.

Es läuft

> „Niemand hat mich gefragt, ob ich leben will,
> also kann mir auch niemand sagen, wie ich leben soll."

Christian spulte seinen Wettkampf in Athen dann so ab, wie wir es immer trainiert hatten. Das Probeschießen absolvierte er im gewohnten Rhythmus. Der Diopter wurde 10,6 hoch eingeschossen, da er wußte, daß sich das Schußbild etwas nach unten verlagern könnte. Irgendwann spürte ich, daß er bereit war und gleich darauf startete er dann auch. Als er planmäßig in den ersten drei Zehnerserien ausschließlich Zehner schoß, wußte ich, daß jetzt der Druck zunehmen würde.

Nach dem 35. Zehner war mir klar, daß jetzt eine Neun kommen mußte. Wieso das? Es war davon auszugehen, daß bei den schwierigen äußeren Bedingungen 600 Ringe praktisch nicht zu realisieren waren. Somit mußte mindestens eine Neun einkalkuliert werden. Wenn schon eine Neun, dann am Anfang und auf keinen Fall in der letzten Zehnerserie, denn bei Ring-

gleichheit würde das Ergebnis der letzten Zehnerserie entscheiden.

Nach allem war ich, so paradox dies erscheinen mag, beruhigt, als nach dem 36. Schuß eine 9,7 angezeigt wurde. Auch als beim 42. Schuß die zweite Neun (9,8) zu Buche stand, blieb ich locker. Ich war überzeugt, daß Christian sich jetzt wieder voll konzentrieren würde. Schließlich galt es, optimal auszuschießen. Nach dem 47. Schuß legte Christian eine Pause ein, wie wir das geübt hatten. Da war mir endgültig klar, daß er den Vorkampf mit einem Topergebnis abschließen würde – in dem Wissen, daß 13 Zehner am Stück kein Problem sind.

Die große Anspannung und der Druck waren nach den zwei relativ späten, aber nicht zu späten Neunern raus. Mit 598 Ringen sollte Christian dann auch ins Finale einziehen. Erst jetzt beschäftigte ich mich mit den Resultaten der Konkurrenten, denn nun wurde Christians Plazierung wichtig.

Ich befasse mich grundsätzlich nicht mit den Mitstreitern. Meine Devise lautet: „Wenn sie erster werden wollen, dann müssen sie uns besiegen." Außerdem: Das Ergebnis meiner Gegner kann ich nicht beeinflussen. Ich kann nur unser eigenes Resultat beeinflussen, folglich beschäftige ich mich nur mit Christian.

Angriff auf Gold

„Morgenstund' hat Gold im Mund."

Christian lag also bei 598 Ringen und damit einen Zähler hinter dem führenden US-Amerikaner Matthew Emmons. Unser alter Freund Jozef Gonci aus der Slowakei konnte wie Christian 598 Ringe vorweisen. Beiden folgte mit zwei Ringen Differenz der Viertplazierte, Christians Mannschaftskamerad Maik Eckhardt. Nach Anfangsproblemen war es diesem – mit seinem einzigartigen Kampfgeist – doch noch gelungen, sich bis ins Finale vorzuarbeiten. Angesichts dieser Ausgangsposition zweifelte ich nicht daran, daß eine Medaille sicher war. Es ging jedoch nicht darum, Silber zu verteidigen. Wir wollten mehr! Die Goldmedaille lockte – Angriff auf Platz Eins war angesagt!

Mal ganz ehrlich: Ich dachte bis zum letzten Schuß im Finale, daß Christian Gold holen könnte. Das hätte auch geklappt, wenn da nicht Matthew Emmons gewesen wäre, der an diesem Tag eine überragende Vorstellung bot. Die Topleistung von Emmons muß man akzeptieren und anerkennen. Er war einfach einen Tick besser, und zwar im Vorkampf, in welchem die Entscheidung bereits gefallen war.

Äußerlich: cool und abgezockt, innerlich: fit auf den Punkt. Später titelt die „Welt" aus Hamburg: „... wenn der nette Herr Lusch zum eiskalten Engel wird!"

Das olympische Finale im Kleinkaliber liegend

„Wer zuletzt lacht ..."

Um es gleich vorweg zu sagen: Das olympische Finale im Kleinkaliber liegend war ein Krimi von allererster Güte. Millionen von Fernsehzuschauern drückten Christian die Daumen. Es war ein Festival des Schießsports. Wahnsinn! Die Finalhalle in Markopoulo selbst war fest in Eisentaler Hand. Christian konnten sich auf seine Fans verlassen und diese auf ihn.

Zusammen mit Christian waren am Start: Matthew Emmons (USA/599), Jozef Gonci (Slowakei/598), Maik Eckhardt (Deutschland/596), Sergei Martinow (Bulgarien/596), Michael Babb (Großbritannien/595), Zhanbo Jia (China/595) und Marco de Nicolo (Italien/595). Die Spannung war kaum auszuhalten. Es knisterte geradezu, bis der Kampfrichterchef endlich das Kommando gab:

„For the first competition shot: load – attention – three – two –one – start."
(Erster Schuß in diesem Wettkampf: Laden – Achtung – 3 – 2 – 1 – Start.)

Christian startete mit einer 10,4 – Matthew Emmons mit 10,3.
Der zweite Durchgang brachte für Christian eine 10,7 –
Emmons legte eine 10,9 vor. Es blieb eng!
3. Durchgang: Emmons 10,0, Christian 10,3.
4. Durchgang: Emmons 10,2, Christian 10,3.
5. Durchgang: Emmons 10,7, Christian 10,4.
6. Durchgang: Emmons 10,8, Christian 10,7.
7. Durchgang: Emmons: 9,9, Christian 10,4.
Vor dem achten Durchgang war Christian damit bis auf 0,6 Ringe an die Goldmedaille herangekommen – und es sollte noch enger werden.
8. Durchgang: Emmons: 10,3, Christian 10,6.
Der Rückstand betrug nur noch 0,3 Ringe!
9. Durchgang: Emmons: 10,6, Christian 10,5.

*Somit lag Christian vor dem zehnten und letzten Durchgang 0,4 Ringe hinter Emmons zurück. Damit war nach wie vor noch alles möglich. Christian schoß um Gold. Der Druck war jetzt gewaltig.
Es wagte alles und erzielte eine 9,9 –
Emmons behielt die Nerven und schloß mit einer 10,6 ab. Unglaublich! Hinter einem solchen Champion Zweiter zu werden ist wahrlich keine Schande. Immerhin ist er amtierender Weltmeister.*

Auf der Tribüne waren derweil alle Dämme gebrochen. Die Fankolonie feierte überschwenglich die Silbermedaille und skandierte „Christian, Christian, wir danken dir". So richtig glauben konnten einige wohl nicht, was gerade geschehen war. Erst als Els van Breda-Vriesman, IOC-Mitglied aus den Niederlanden, Christian das Edelmetall umhängte und ihm den Lorbeerkranz aufs Haupt setzte, war auch dem letzten endgültig klar: Wir haben sie, die Silbermedaille!

Silber gewonnen

„Veni, vidi, vici."

Das Fazit eines außergewöhnlichen Wettkampfes lautet: Christian hat nicht die Goldmedaille verloren, sondern Silber gewonnen. Es war einfach genial, daß er auf dem Treppchen stand. Da ich freilich wußte, was er zu leisten imstande war, sah ich diesen Erfolg nicht als Sensation an. Ich hatte mich schon im Vorfeld mit einem eventuellen Medaillengewinn intensiv auseinandergesetzt, weshalb mir die Tragweite des Geschehens sofort bewußt war.

Treffersicherheit wurde mit Olympischen Würden belohnt. Christian Lusch, Silber; Matthew Emmons, Gold/USA und Sergei Martinow, Bronze/Bulgarien.

Wichtige Personen im Leben Christian Lusch. Trainer Raimund Blattmann (links), Christians Freundin Andrea Feist und sein Förderer und Entdecker Paul Feist (rechts)

Um so aufgewühlter war ich nach dem Wettkampf. Was in diesem Moment in mir vorging, läßt sich mit Worten nicht beschreiben. Der gemeinsam zurückgelegte Weg war zu hart und zu steinig, als daß es möglich gewesen wäre, gleich wieder zur Tagesordnung überzugehen. Um mit meinen extremen Gefühlen klarzukommen, zog ich mich zunächst zurück und wollte ganz für mich allein sein.

Was ich genau machte und wie ich den Erfolg unmittelbar verarbeitete, bleibt mein persönliches Geheimnis. Was ich nicht machte, kann ich hier verraten: Obwohl es Christian unbedingt wollte, begleitete ich ihn und seine Fans nicht ins Deutsche Haus nach Athen. Zum einen, weil ich, wie schon gesagt, ganz für mich allein sein wollte. Zum anderen, weil ich vermeiden wollte, diese Stunde des Triumphs und der Freude durch eventuell im Überschwang der Gefühle geäußerte Kritik – und da gab es einiges zu sagen – zu trüben. Das war Christians Tag und er sollte ihn auch in vollen Zügen genießen können.

Dreistellung

„Ohne Fleiß, kein Preis."

Es war uns wichtig, daß Christian nach dem Kleinkaliber liegend beim zwei Tage später stattfindenden Dreistellungskampf (3 x 40) ebenfalls Deutschland vertreten würde. Wir hatten diese Disziplin immer trainiert und Christian sollte auch hier seine Chance suchen. Allerdings kannten wir die äußerst schwierigen äußeren Bedingungen, unter denen der Wettkampf stattfinden sollte.

Uns war klar, daß das Ergebnis vom Stehendschießen abhängen würde. Christian war stehend nicht so stabil, um regelmäßig Höchstleistungen abrufen zu können. Zu Beginn der zweiten Serie hatte er dann auch prompt einen

Durchhänger. Konzentrationsprobleme stellten sich ein. Die 376 Ringe stehend waren schließlich ausschlaggebend dafür, daß Christian das Finale um „lächerliche" 3 Ringe verfehlte.

Er hatte am Ende des Vorkampfes, der extrem von Hitze und Wind geprägt war, 1.161 Ringe (396 liegend, 389 kniend) erreicht, womit wir gut leben konnten. Um im 3 x 40 topfit an den Start gehen zu können, bedürfte es schlicht und ergreifend einer längeren Vorbereitungszeit – sowohl im technisch-taktischen als auch im emotional-mentalen Bereich. Als Zwölftplazierter war Christian aber erneut bester deutscher Teilnehmer und unterstrich damit eindrucksvoll, daß er auch für den Dreistellungswettkampf zu Recht nominiert worden war.

„Zuerst die Pflicht, dann die Kür."

Eine Woche nach den Olympischen Spielen sicherte sich Christian in München die Deutschen Meisterschaften im Kleinkaliber liegend sowie den zweiten Platz im Dreistellungskampf. Trotz des Trubels, mit dem er nach seiner Heimkehr aus Athen konfrontiert war, konnte er sich noch einmal auf den Punkt genau konzentrieren.

Ich hatte von vorneherein keine Bedenken. Meine Meinung ist: Wer topvorbereitet zu den Olympischen Spielen fährt, muß acht Tage später bei den Deutschen Meisterschaften immer noch nahe an seine persönliche Bestleistung herankommen. Wenn jemand in bezug auf sich selbst behauptet, daß die Luft draußen sei, kann ich das nicht nachvollziehen. Im Falle extremer Mattigkeit gehe ich doch gar nicht erst an den Start. Wenn ich aber antrete, dann will ich auch gewinnen.

Insofern haben mich die 599 Ringe von Christian (die einzige Neun war übrigens eine 9,9!) nicht überrascht. Ja, ich kann sagen, daß mich auch 600 Ringe nicht überrascht hätten. Daß Christian im 3 x 40 mit sehr guten 1173 Ringen deutscher Vizemeister wurde, war eine weitere Bestätigung dafür, daß der von uns eingeschlagene Weg der richtige war und ist.

Auf jeden Fall hat Christian mit seinem Abschneiden bei den nationalen Titelkämpfen auch den letzten Zweiflern gezeigt, daß das Athener Ergebnis kein Zufall und auch keine Sensation war, sondern das Resultat einer konsequenten und harten Trainingsarbeit.

„Doch es sollte noch besser kommen."

Am 27. Oktober 2004, einem Mittwoch, ging für Christian und für alle, die seinen Weg verfolgen, der nächste Traum in Erfüllung. Beim Weltcup-Finale in der thailändischen Hauptstadt Bangkok, für das er sich aufgrund des zweiten Platzes in Athen qualifiziert hatte, schoß er im Vorkampf des Wettbewerbs Kleinkaliber liegend das Traumergebnis von 600 Ringen. Weltrekord! Besser geht es nicht! Ein absoluter „Hammer" – und das am Ende einer strapaziösen Saison!

Trotz des „Ehrungsmarathons", den er nach der Rückkehr von den Olympischen Spielen zu bewältigen hatte, und trotz der Belastung durch Studium und Arbeit schaffte er es noch einmal, im entscheidenden Moment seine Höchstleistung abzurufen. Im Vorfeld der Veranstaltung, an welcher die gesamte Weltelite teilnahm, hatte Christian in einem Zeitungsinterview gesagt: „Ich zehre noch immer von der guten Vorbereitung auf die Olympischen Spiele und traue mir ein hohes Ergebnis zu."

Diese Einschätzung bestätigte er eindrucksvoll: Im Finale erreichte er schließlich 102,1 Ringe und sicherte sich mit insgesamt 702,1 Ringen ganz überlegen den Weltcup-Sieg vor den beiden Weißrussen Yuri Scherbatsevich (700,6) und Sergei Martinow (699,9). Damit glückte Christian zugleich auch die Olympia-Revanche. Goldmedaillengewinner Matthew Emmons aus den USA landete mit 698,6 Ringen auf dem fünften Platz.

Hier in Thailand kam Christian noch einmal die akribische Vorbereitung zugute. Wie schon in Athen herrschten auch in Bangkok schwierige äußere Bedingungen. Hitze, Wind und hohe Luftfeuchtigkeit stellten höchste Ansprüche an die Schützen. Und einer kam am besten damit zurecht – mein Sportler Christian, was mich persönlich mit großem Stolz erfüllt!

Der glorreiche Abschluß eines erfolreichen Jahres. Christian gewinnt das Weltcupfinale in Bangkok und stellte bei den Weltrekord ein: 600 von 600 Ringen.

Leistungsnachweise

2002	L	St	K	3x40	L	Finale	Ergebnis
Leistungskontrolle DSB	395	371	370	1136	597		
IWK Pilsen	399	377	383	1159	597	103,5	3. Platz Liegend
WM-Ausscheidung	398	384	385	1167	591		
	400	372	388	1160	595		
Weltcup Atlanta	393	379	384	1156	595	103,8	3. Platz Liegend
WM-Ausscheidung	393	375	386	1154	596		3. Platz Liegend
	396	378	387	1161	591		
WM Lahti					579		
Rangliste	398	374	388	1160	594		
München	393	373	381	1147	592		
Deutsche Meisterschaften	396	362	384	1142	592		

2003	L	St.	Kn.	3x40	L	Finale	Ergebnis
Leistungskontrolle DSB	394	370	385	1151	590		
IWK Pilsen	395	375	388	1158	593		
EM-Ausscheidung	394	372	386	1152	589		
Rangliste	393	366	379	1138	591		
Rangliste und EM-Ausscheidung	394	365	384	1143	593		
	399	374	390	1163	595		
Deutsche Meisterschaften	394	373	386	1153	595		

2004	L	St	K	3 x 40	L	Finale	Ergebnis
Weltcup Bangkok	398	373	384	1155	587		12. Platz 3 x 40
Olympia-Vorausscheidung in München	396	377	384	1157	595		4. Platz 3 x 40
	400	374	383	1157	594		1. Platz Liegend
					595		
Leistungskontrolle Barcelona	396	373	384	1153	592		
	397	372	384	1153	597		
Weltcup Athen	395	383	388	1166	596	103,8	3. Platz Liegend
IWK Pilsen	398	373	383	1154	596		7. Platz Liegend
Rangliste	395	375	381	1151	593		
Weltcup Mailand	390	370	388	1148	591		
Bayerische Landesmeisterschaften	397	377	383	1157	590		
IWK Barcelona	396	382	385	1163	594		
Olympische Spiele Athen	396	376	389	1161	598	104,2	12. Platz 3 x 40, 2. Platz L
Deutsche Meisterschaften	399	384	390	1173	599	99,3 103,9	2. Pl. 3 x 40 1. Platz L
Weltcup-Finale Bangkok					600	102,1	1. Platz Liegend

In den tabellarischen Übersichten verwendete Abkürzungen:
L = Liegend, St = Stehend, K = Knieend, Pl. = Platzierung

Ausblick

> *„Mehr als die Vergangenheit interessiert mich die Zukunft, denn in ihr gedenke ich zu leben."*

Der Blick ist bereits heute auf die nächsten Olympischen Spiele im Jahr 2008 in Peking gerichtet. Wieder wird ein detaillierter Trainingsplan nach Christians Vorgaben ausgearbeitet werden. Schließlich will der Ausnahmeschütze im kommenden Jahr auf sportlichen Großveranstaltungen wie den Weltcups in Korea und den USA sowie der Europameisterschaft in Belgrad „voll angreifen".

> *Bereits 2005 geht es im Hinblick auf Peking 2008 darum, einen Quotenplatz für Deutschland zu erringen.*
>
> *Das Jahr 2006 soll schießsportlich dann etwas ruhiger angegangen und vorwiegend dem beruflichen Fortkommen gewidmet werden.*

2007 gilt es, die Leistung zu bestätigen, ehe bei den Olympischen Spielen 2008 in Peking – sollte alles passen – der vielleicht nächste große Coup gelandet werden kann.

Da Christian mit seinen dreiundzwanzig Jahren noch sehr jung ist, kann auch Olympia 2012 ein Thema sein. Aber das ist natürlich Zukunftsmusik. Wir wollen den eingeschlagenen Weg weitergehen wie bisher, nämlich Schritt für Schritt.

> *„Schütze und Gewehr müssen eins werden. Der Sportler muß sich freuen, wenn der Schuß ausgelöst wird, wenn der Rückstoß kommt und er ihn über den ganzen Körper abgleiten lassen kann – das ist ein herrliches Gefühl."*

Raimund Blattmann

vita

Raimund Blattmann, Jahrgang 1954, wohnt mit Frau und Tochter im schönen Pfaffenweiler bei Freiburg im Breisgau.

Der Schießsport hat den gelernten Feinmechaniker von jung an fasziniert. In seinem Schützenverein SSV Pfaffenweiler war er über viele Jahre hinweg als aktiver Schütze tätig. Er wurde mehrmals - seine Paradedisziplin ist Kleinkaliber 50 Meter liegend - in den Landeskader des Südbadischen Sportschützen-Verbandes nomminiert.

Der gebürtige Südbadener ist seit 1979 als Schießtrainer tätig. Sein umfangreiches Wissen vermittelt er Jugendlichen und Junioren als Baden-Württembergischer Landestrainer. Seit seinem Amtsantritt 1994 schaut er auf zahlreiche Erfolge bei Welt- und Europameisterschaften zurück. Vor Christian Lusch betreute er den Armbrustschützen Ralph Schüler, der einen Weltrekord aufstellte und alle erreichbaren Titel gewann.

Seit 2004 fungiert er als persönlicher Trainer von Christian Lusch mit auf ihm zugeschnittenen Trainingsmethoden.

Vorsprung durch EQ-Training

Dipl.-Ing. Rainer Hatz

danke

Die Entscheidung, den sicheren Beruf des Elektroingenieurs aufzugeben und mich statt dessen als Mentaltrainer in Business und Sport zu profilieren, fiel mir leicht. Doch sie zog Konsequenzen nach sich, die nur deshalb tragbar waren, weil es Menschen in meinem engsten Umfeld gab, die bereit waren, mich auf meinem Weg ins „Potenzial Mensch" zu begleiten. Dafür möchte ich mich bei ihnen, ganz besonders jedoch bei meiner Frau, meinen Kindern und meinen Eltern bedanken. Sie standen stets hinter mir und schenkten mir das notwendige Vertrauen. Dank gebührt auch Michael Bentele, Jürgen Kahles und Martin Auffarth sowie all jenen, die mich auf anderer Ebene auf unterschiedlichste Art und Weise unterstützt haben.

aus dem inhalt

Über mentales Training	*Seite*	*166*
Auf dem Weg in unser Innerstes	*Seite*	*176*
Techniken und noch mehr Techniken	*Seite*	*198*
Die Zukunft geht über die Jugend	*Seite*	*234*
Schußwort zur Black Box „Mentales Training"	*Seite*	*239*
Die ersten Schritte zur Selbsthilfe	*Seite*	*240*
Ihr mentaler Fitneß-Check	*Seite*	*244*

Gewonnen wird im Kopf

Wie geht das: „Mental fit sein?"

So oder ähnlich wurde ich schon des öfteren von Sportlern und Trainern gefragt. Aber wie geht das wirklich: „Mental fit sein?"

Bevor ich auf mein Verständnis von mentalem Training und auf die praktische Arbeit mit Christian Lusch und Raimund Blattmann zu sprechen komme, möchte ich zwei der mir meistgestellten Fragen beantworten.

Wieviel Ahnung muß ein Mentaltrainer vom Schießen haben?

Ich habe absolut keine Ahnung vom Schießen - und genau das hat mir an dieser Stelle zwei unschätzbare Vorteile gebracht. Keine Ahnung vom „Geschäft" zu haben heißt auch, unvoreingenommen und neutral zu sein, erlaubt mir, mit einer ganzen Palette von Möglichkeiten an die Aufgabe heranzugehen. Außerdem projiziere ich nicht

„Gewonnen wird immer im Kopf"

meine unbewußten oder vielleicht subjektiven Ansichten auf diesen Sport und die ihm eigenen Trainingstechniken.

Wie wichtig ist mentales Training?

Eine erste Antwort gibt Ihnen die Postkarte auf der nächsten Seite, die mir Christian aus Athen schickte.

Das Dankeschön per Postkarte aus Athen kam postwendend.

Das ist doch ein Kompliment! Aber für mich noch ungleich wichtiger: Ein Sportler muß Substanz haben, also Kraft, Talent, Kondition, Disziplin etc. Nun gibt es Sportler, die diese Voraussetzungen mitbringen und dennoch nicht den großen Durchbruch schaffen. Und hier sind wir schon beim Thema:

Was ist mentales Training?

Innerhalb der gleichen Disziplin rücken die Spitzensportler mit ihren Ergebnissen immer näher zusammen. Dabei entscheiden oft nicht mehr Talent und Trainingsfleiß über Sieg oder Niederlage, sondern der unsicherste Faktor von allem – die Tagesform.

Wunderbar läßt sich dies an Interviews erkennen, wenn der Sportler sagt:

> *„Heute hat alles gepaßt!"*

Leider kommt keiner der Sportreporter auf die Idee zu fragen:

> *Was heißt eigentlich ALLES?*
> *Warum gerade HEUTE und sonst nicht?*

Dabei wird es jetzt richtig spannend: Wie kommt dieses ALLES auf einmal zusammen? Welche Vorgänge im Körper ermöglichen das? Und läßt sich dies irgendwie beeinflussen? Und genau HEUTE?!

Haben wir Antworten auf diese Fragen, dann haben wir auf dem Weg des Erfolgs helle, leuchtende Orientierungspunkte! Genauer gesagt: Unser Gehirn hat diese knalligen Orientierungspunkte!

Was sind die Ziele des mentalen Trainings?

Das mentale Training geht auf diese Fragen ein und versucht, dieses AL-LES und das HEUTE in den Weg zum Erfolg einzubauen. Es soll dem Sportler ermöglichen, seine Leistung punktgenau abrufen zu können. Es stabilisiert den Sportler auf höchstem Niveau und autorisiert ihn: Du bist der Chef. Oder bei einer Sportlerin: Du bist die Chefin – und nicht die Umstände oder was auch immer. Damit ist das mentale Training eine, wie ich meine, notwendige Ergänzung des Standardtrainings und es unterstützt den Trainer in seiner Arbeit. Ganz abgesehen davon, daß ein Kompetenzgewinn hinzukommt – für den Trainer wie für den Sportler.

Eine Einschränkung vorweg: Das mentale Training kann nur so weit gehen, wie der Sportler es zuläßt. Oder für sich in Anspruch zu nehmen bereit ist.

Wo setzen mentale Techniken an?

Mentales Training ist eine völlig andere Art zu trainieren. Es findet auf einer anderen Ebene statt als das technisch-taktisch orientierte Training. Die meisten Sportler benutzen bereits irgendwelche „kleineren" mentalen Techniken, oft jedoch sind sie sich dessen nicht bewußt. Denn auch Rituale (manchmal sagt man dazu auch „Aberglaube"), wie zum Beispiel immer den linken Sportschuh zuerst anziehen, ist bereits eine, wenn auch kleine mentale Technik. Deswegen möchte ich Ihre Aufmerksamkeit auf Ihre eigenen unbewußten mentalen Techniken lenken. Denn, wenn Sie Ihre eigenen, im Laufe der Zeit entstandenen Verhaltensweisen emotionalisieren, führt dies automatisch zu einer persönlichen Leistungssteigerung. Dazu später mehr.

Die meisten mentalen Techniken beruhen auf wissenschaftlichen Erkenntnissen aus der Gehirnforschung. So weiß man inzwischen, daß es unserem Gehirn gleich ist, ob es einen „Kinofilm" sieht, träumt oder die „Realität" wahrnimmt. Die meisten Gehirnareale machen keinen Unterschied zwischen „realem" und „eingebildetem" Erleben. Das klingt doch interessant!
Die Muskulatur und auch die Biochemie des Körpers reagieren auf Situationen immer gleich; es ist einerlei, ob wir sie über unser persönliches KOPFKINO oder real erlebt haben. Dieses Kopfkino könnte also als Erfahrung, falls sie positiv ist, für zukünftige Ereignisse eingesetzt werden.

Alle Erlebnisse sind stets mit EMOTIONEN verknüpft. Verknüpfungen dieser Art finden in der Kindheit statt. Und jede Erinnerung an ein bestimmtes Erlebnis löst die damit verbundenen Emotionen aus. Klar, die meisten Kindheitserlebnisse mit ihren jeweiligen Emotionen sind uns heute nicht bewußt. Aber im Unterbewußtsein sind sie immer in der Kombination von „Ereignis und Emotion" abgespeichert.
Im Erwachsenenalter vergleicht unser Gehirn die Situation, der wir jetzt gerade ausgesetzt sind, mit bereits erlebten Ereignissen. Meist läßt dieser

Vergleich keine vollkommene Übereinstimmung erkennen, sondern nur ein Erlebnis aus der Kindheit, das dem aktuellen ähnlich ist. Jetzt aufgepaßt: Nur die Emotion, die mit dem verglichenen Ereignis aus der Kindheit verknüpft ist, wird auf die aktuelle Situation übertragen. Daraus resultiert wiederum unsere Reaktion auf die aktuelle Situation. Es kommen unsere sogenannten (unbewußten) Verhaltensmuster zum Tragen. Das kann Vor- und Nachteile haben. Wichtig ist, diesen Mechanismus zu kennen und zu nutzen.

Aus den fernöstlichen Traditionen der Meditation und Kampfkunst ist bekannt, wie wichtig die Eigenschaften der ZENTRIERUNG und FOKUSSIERUNG sind. So läßt sich das Schießen nur dann erfolgreich beenden, wenn der Schütze in seine innere Ruhe geht (Zentrierung), sich – was auch immer in seinem Umfeld passiert – konzentriert und auf sein Ziel einstimmt (Fokussierung).

> **MEMO**
>
> Im Streß fällt der Mensch in seine alten Muster zurück. Sind die alten Muster nicht im Einklang mit dem Ziel, dann wird das Ziel nicht erreicht bzw. der Erfolg wird sich nicht lange halten. Sind diese alten Muster im Einklang mit dem Ziel, ist der Weg frei für den Erfolg.

Damit die persönlichen Fähigkeiten in voller Höhe zum Einsatz kommen können, bedarf es eines grundsätzlichen ENERGIENIVEAUS. Dieses Energieniveau gilt es herzustellen und während des Wettkampfes aufrechtzuerhalten.

> Im mentalen Training geht es eigentlich vorwiegend um das Managen der Emotionen. Das „ganzheitliche Bewußtsein" oder das „Bewußtwerden" ist der Manager. Damit könnte das mentale Training ebenso Emotionsmanagement heißen. Oder, wie ich es nenne: EQ-Training.

Wichtige Aspekte für die Zusammenarbeit von Menschen:

Wir Menschen besitzen zum Lernen drei verschiedene Wahrnehmungsebenen. Meist jedoch wird eine Ebene verstärkt eingesetzt. Ob es nun die visuelle (sehen), auditive (hören) oder kinästhetische (schmecken, riechen, fühlen) Ebene ist, spielt keine Rolle. Eine davon wird von uns favorisiert.

 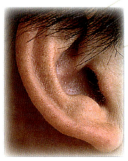 

Womit nehmen Sie hauptsächlich die Welt wahr?

Ebenso ist die unterschiedliche GEHIRNDOMINANZ zu berücksichtigen. Männer arbeiten vorzugsweise mit der linken Gehirnhälfte, während Frauen in aller Regel sehr viel leichter auf die rechte zurückgreifen.

Ich halte es für wichtig, daß der Coach oder Trainer die jeweilige Ebene bzw. Dominanz des Sportlers / der Sportlerin kennt, mehr noch, daß er auf diese eingeht und auf ihr aufbaut. Die Zusammenarbeit ist dann leichter, lockerer, streßfreier und das Gesagte kommt besser an.

Was ich aber beobachte und aus meiner eigenen Trainertätigkeit weiß: Die KOMMUNIKATION zwischen Trainer und Sportler wird oft einseitig betrieben. Das hat zunächst gute Gründe, aber nicht unbedingt Vorteile. Meist redet der Trainer. Schließlich hat er ja den Vorteil, sich in einer Position der Distanz zu befinden. Nicht er, sondern der Sportler oder die Sportlerin ist in Aktion. Der Trainer ist nur der Zuschauende, Beobachtende, Wertende. Er hat den Über-

Blick. Aber genau das ist das Verlockende. Er könnte einen Verbesserungsvorschlag nach dem anderen machen. Die könnten sogar alle „richtig" sein. Aber: Dem Sportler würde möglicherweise auch die Unter-Botschaft mitgeteilt:

> *„Ich weiß es besser als du."*

Hier kämen wahrscheinlich sehr schnell negative Erfahrungen mit dem Lernen, dem Höhenunterschied zwischen Lehrer und Schüler in Erinnerung. Somit könnte es passieren, daß der Sportler beginnt, an sich selbst zu zweifeln. Für mich als Trainer hat sich ein Verhältnis von ca. 70 % Hinhören und nur 30 % Reden als effektiv erwiesen. Ein guter Lehrmeister ist ein Begleiter, einer, der gut hinhört, daraufhin die richtigen Fragen stellt, um so den Sportler zur Selbsterkenntnis zu bringen, die es ihm ermöglicht, sein Potenzial zu finden und auszuleben. (Anmerkung: Analog zu meiner Interseite www.potenzial-mensch.de, nehme ich mir die Freiheit und schreibe Potenzial mit „z"). Er manövriert den Sportler in die Eigenverantwortung. Wie der Volksmund so schön sagt: „Selbsterkenntnis ist der beste Weg zur (Ver)Besserung!"

> *Darf ich Sie einladen, ein kleines Phantasiespiel mitzumachen?*

Fühlen Sie sich bitte für einen kurzen Moment in die Vorstellung hinein, daß ein Lehrmeister Ihnen zuhört. Daß er Sie all das erzählen läßt, was Sie drückt, was Sie während des Trainings oder Wettkampfes so alles beschäftigt, belastet oder beflügelt. Dann fragt er Sie genau die Dinge, die wirklich wichtig sind. In Ihren Antworten manifestieren sich IHRE tiefergehenden Gedanken, IHRE Zusammenhänge, IHRE Möglichkeiten. Jetzt weiß nicht er (allein), was zu tun ist. Nein, Sie wissen es!

> *Ist das nicht für beide ein schönes und machbares Gefühl?*
> *Mehr noch: Das ist Motivation pur!*

Gerade ein „großer Trainer", der selbst sehr viele Erfolge vorzuweisen vermag, kann auch meist schnell dem Sportler sagen, was er falsch und wie er es richtig macht. Nur, die Art und Weise ist entscheidend, wie der Trainer es dem Sportler rüber bringt: Der gutgemeinte Rat-SCHLAG ist nun mal, wie das Wort „Ratschlag" schon sagt, ein Schlag. Und wer wird schon gern geschlagen.

Ein Trainer, der den Sportler auf seinem Weg begleitet, läßt den Sportler seine Erkenntnisse selbst gewinnen und gibt ihm so die Verantwortung für sich selbst. Dies ist wichtig, um irgendwelche unerwünschte Ersatzverhaltensmuster wie Eßstörungen, Burn-Outs oder sogar den Drang nach Doping erst gar nicht entstehen zu lassen.

MEMO

Trainer sollten begleiten statt fördern.

**Mehr Infos unter:
www.potenzial-mensch.de**

Wie unsere Zusammenarbeit begann

Anhand eines Zeitungsinterviews mit Christian und Raimund möchte ich ein Beispiel dafür geben, wie wichtig die Berücksichtigung solcher mentaler, besser emotionaler Aspekte ist.

> **fft Athener Betrieb**
> **ringt Sportschütze Christian Lusch au**
>
> 60 Schuss auf die 50 Meter entfernte Scheibe müsse
> abgefeuert werden. Die Kunst dabei: Alle der ar
> Schüsse sollten ins Zentrum gehen. Zehner Das
> sind gefragt. „Du darfst eigentlich keinen Feh- dingu
> ler machen", so Blattmann. Nur wer ganz nah Leist
> an die Ideal-Ringzahl von 600 herankommt, schaf
> ==hat auch die Chance, ins Finale einzuziehen –== tal)
> ==und das ist schließlich das erklärte Ziel von== dem
> ==Christian Lusch.== Blatt
> Trainer Blattmann hilft seinem Schützling mit
> nicht nur körperlich, sondern auch mental auf Sch
> die Sprünge. Positiv denken, heißt die Devise. der
> „Du bist der Beste in Deutschland", lautet ein den

Auszug aus dem „Achern-Bühler-Bote" vom 12. Juni 2004

Christian: „Das Ziel ist, ins Finale zu kommen!"
Ich für meinen Teil freute mich zunächst. Finale, das klingt gut. Und im nächsten Augenblick erschrak ich. Genau diese Vorgabe könnte zum FATAL-ERROR bei seinem Auftritt im Finale werden.

Stellen Sie sich vor: Sie trainieren ein halbes Jahr lang extrem hart auf ein Ereignis, ein bestimmtes Ziel hin. Und nehmen wir mal an, Sie erreichen dieses Ziel. Was, meinen Sie, dürfte in Ihrem Körper bei Erreichen dieses einen Zieles passieren?

Die ganze Spannung, die sich in einem halben Jahr harten Trainings aufgebaut hat, würde bei Erreichen des Zieles schlagartig abfallen.

Sie selbst haben solche Situationen bestimmt bereits erlebt. Das ist der Zustand, in dem Sie sich befinden, wenn Sie eine Abschlußprüfung hinter sich gebracht haben. Ihr Ziel war, die Abschlußprüfung so gut wie möglich zu bestehen bzw. überhaupt zu bestehen. Und danach durften der Energieabfall und die Entspannung kommen. Sie hatten Ihr Ziel ja erreicht.

Was aber ist nun anders – bei Ihrer Zielsetzung im Vergleich mit derjenigen von Christian? Im Unterschied zu Ihnen hat Christian mit seiner Aussage sein Ziel falsch gesetzt. Nach eigener Aussage war die Energie aufgebaut im Hinblick auf den Einzug ins Finale. Mit Erreichen dieses Zieles aber ist, Sie wissen es aus eigener Erfahrung, ein Entspannungseffekt verbunden. Ich vermutete damals, als ich das Zeitungsinterview las, daß Christians Schießergebnisse im Finale drastisch nachlassen würden. Darum erschrak ich.

Kurzum, ich rief Christian an und machte ihm klar, daß es notwendig sei, seine Zielanweisung, wir könnten auch sagen, sein Selbstgespräch zu ändern. Dazu muß ich sagen, daß es hierfür nicht viel Überredung brauchte. Wir hatten zwei Jahre zuvor schon einmal erfolgreich zusammengearbeitet. Ein paar Tage nach diesem Telefonat, also drei Monate vor Olympia, trafen wir uns zu einem ersten Gespräch!

Bevor es gleich richtig spannend wird, möchte ich kurz innehalten und Sie um etwas bitten. Etwas, das mir sehr wichtig ist. Lesen Sie die folgenden, eher theoretischen Ausführungen stets vor Ihrem eigenen Erfahrungshintergrund. Und Sie werden merken, daß es Ihnen um so leichter fallen wird, die vorgestellten Techniken selbst anzuwenden. Experimentieren Sie mit diesen! Lassen Sie sich dadurch motivieren, daß ein Meister seines Faches auf diesem Wege seinen Erfolg optimieren konnte. Ich muß Sie jedoch auch warnen: Es ist möglich, daß dies bei Ihnen nicht immer so funktionieren könnte. Schließlich ist Christian anders als andere, Sie aber auch. Es liegt nicht an minderer Begabung oder dergleichen. Nein, das, was ich hier an Techniken aufzeigen werde, ist speziell auf Christian abgestimmt, auf seine Persönlichkeit und seine individuellen Fähigkeiten. Ihre Aufgabe darf es sein, sich mit diesen Techniken vertraut zu machen und frei über sie zu verfügen – So gewinnen auch Sie.

Jeder Mensch ist anders, jeder Mensch hat sein „eigenes Gesicht".

Auf dem Weg in unser Innerstes:
UNTERBEWUSSTSEIN – BEWUSSTSEIN – NATÜRLICHKEIT

Unser Glaubenssystem spricht zu uns

Jeder Mensch hat eine Vorstellung von sich selbst. Er weiß von einigen seiner Stärken und er weiß von einigen seiner Schwächen. Jeder Mensch hat auch eine Vorstellung davon, wie er gerne sein möchte. Das alles zusammen ist das Selbstbild.

Die Grundlage für dieses Selbstbild wurde bereits in der Kindheit geschaffen. Aus den Handlungen und Äußerungen der Eltern, Geschwister, Großeltern und Freunde, dem Einfluß von Kirche, Kultur und Schule, den eigenen Erfahrungen und auch aus dem, was wir lernen, fügt sich dieses Selbstbild zusammen und prägt uns. Man könnte auch sagen, daß wir als Kind das über uns glauben, was andere über uns sagen. Ein interessanter Satz. Fast zum Wiederholen: Wir glauben als Kind immer mehr das, was andere über uns sagen oder denken. Gleichzeitig prägen Bekundungen von außen nicht nur das Selbstbild, ebenso wirken sie auf das Selbstgespräch und damit auf den Selbstwert des Kindes. Kinder übernehmen nun mal den Wortlaut der „Größeren". Und wenn sie Dinge über sich selbst oft genug nachsprechen, dann wird dies in das Selbstbild übernommen.

Dieses Selbstgespräch läuft unbewußt ab und wirkt dann auch als eine sich selbst erfüllende Prophezeiung. Zum Glück funktioniert dies sowohl im positiven als auch im negativen Sinne. Das heißt: Ich kann eine Aufgabe angehen mit dem Selbstgespräch „Ich kann das!" oder „Das kann ich nicht!". Lautet, wie im Falle der ersten Variante, das Ziel „Erfolg", stellen sich Interesse, Neugierde und Spaß ein. Dagegen kommen Desinteresse und Lustlosigkeit auf, wenn, wie im Falle der zweiten Variante, das Ziel mit einer erfolglosen Aussicht verknüpft wird.

Wenn Sie es selbst in der Hand hätten, für welche Art von Selbstgespräch würden Sie sich entscheiden?

Einflüsse von „außen" prägen das Kind.

Und nun wieder zurück zur Anwendung im Sport. In sportwissenschaftlichen Untersuchungen wurde festgestellt: Bevor die Leistung nachläßt, hört zuerst das positive Selbstgespräch auf. – Ist das nicht bemerkenswert? Nicht die Leistung stimmt nicht, nein, die anfänglich positive selbsterfüllende Prophezeiung kippt in eine negative selbsterfüllende Prophezeiung um. Und verbal bestätigen wir dies gerne mit dem Satz oder dem Gedanken: "Ich hab's doch gewußt, daß dies nicht klappen kann."

Die Art und Weise unseres Glaubens, wie wir und unsere Umwelt funktionieren, macht unser „Glaubenssystem" aus. Damit meine ich nicht Religion. Das Wort „Glaubenssystem" meint genau das, was es sagt, nämlich die Einordnung und Ordnung all dessen, was wir über uns zu meinen glauben, innerhalb eines größeren (Lebens-)Zusammenhangs. Korrekterweise dürfte es im Selbstgespräch also nicht heißen: „So bin ich!" Vielmehr müßte erklärt werden: „So glaube ich zu sein!"

Die in unserer Kindheit gemachten Erfahrungen lassen das Glaubenssystem entstehen. Und dieses wiederum diktiert unsere Gegenwartsreaktion. Damals erschufen wir unser Glaubenssystem aus der Reaktion auf Angst oder Schmerz oder Angst vor Schmerz.

Können Sie sich hier schon vorstellen, welche Aufgabe das Glaubenssystem übernimmt? Es schützt uns vor weiteren – möglichen – Mißerfolgen. Oder vor weiterem – möglichem – Schmerz oder Angst vor Schmerz. Es repräsentiert all das, was, so haben wir es gelernt, vermieden und verleugnet werden muß. Eigentlich will es uns Sicherheit geben, indem es Schutzgrenzen aufbaut. Gleichzeitig hält es uns davon ab, diese Grenzen zu überschreiten.

Unser Glaubenssystem ist also eine sich selbst rechtfertigende Maschine und sorgt für die Bestätigung jeglicher Grenzen, die wir zu haben glauben. In dem Roman „Die Möwe Jonathan" heißt es:

> *„Glaube an die Grenzen. Und sie gehören dir!"*

Unser Glaubenssystem redet und wir hören es als unser Selbstgespräch. Es faßt unser Selbstbild zusammen und bestimmt die Grenzen des Bereiches, in dem wir uns auskennen, sicher fühlen, wohl fühlen – unsere sogenannte Komfortzone. Bewegen wir uns in ihr, geht es uns gut. Aber eben nur begrenzt gut! Außerhalb dieser Grenzen ...?

Sie kennen Beispiele für allgemeingültige negative Glaubenssätze:

> - *Wer viel Geld verdient, ist unehrlich.*
> - *Ich bin es nicht wert, erfolgreich zu sein.*
> - *Ich kann nie ganz gesund sein.*
> - *Kaum geht es einem gut, kriegt man schon wieder eins auf den Deckel.*

Und Sie kennen auch Beispiele für Glaubenssätze, die den sportlichen Erfolg verhindern:

> - *Immer kurz vor dem Durchbruch verletze ich mich.*
> - *Ich darf nicht den Erfolg haben, der mir gebührt.*
> - *Mir wird nie erlaubt, meinen Weg zu gehen.*
> - *Erst hatten wir kein Glück, und dann kam auch noch Pech hinzu.*

Unser Glaubenssystem betrachtet Veränderung – negative wie positive – als Bedrohung für die eigene Sicherheit. Sie können davon ausgehen, daß es jeden Schritt, der in Richtung Veränderung geht, bekämpfen wird. Seine Waffen sind: Selbstrechtfertigung und Selbstzweifel, verbunden mit uralten Ängsten und Schmerzen. Uns fallen dann merkwürdigerweise tausend Dinge ein, warum wir etwas nicht tun oder verändern.

Jeder schafft sich seine eigene Wirklichkeit.

Die Aussage des oben erwähnten Sportlers „Ich hab's doch gewußt, daß dies nicht klappen kann" interpretieren wir jetzt so: Bei einem neuerlichen Versuch würde er (zwar) zu sich sagen: „Aber dieses Mal klappt es"! Zur selben Zeit aber würde sein Glaubenssystem die Veränderung durch das „Dieses Mal klappt es" als Bedrohung ansehen und – ohne daß er es bewußt so wollte – alles dafür tun, daß „es nicht klappt". In diesem Fall wäre also das Glaubenssystem, welches immer UNBEWUSST nach dem Motto agiert „Bloß nichts verändern", stärker als das BEWUSST erdachte Ziel.

Sie merken selbst: Wir haben es hier mit einem starken Gegener zu tun – aber es ist nicht hoffnungslos. Christians verändertes Selbstgespräch, welches eine Veränderung des Glaubenssystems mit einschließt, ist ein exzellentes Beispiel dafür.

Ich kann Ihnen die sanfte Begleitung durch einen Berater von www.3in1concepts.de nur empfehlen. Die Three-In-One-Berater haben die Möglichkeit, zu unangenehmen, blockierenden Verhaltensmustern die in der Kindheit abgespeicherten Emotionen aufzuzeigen und zu erklären. Warum also verzichten, wenn es möglich ist, die (negativen) Emotionen zu entschärfen? Das gilt natürlich für alle Menschen, ob jung oder alt, ob Nichtsportler oder Sportler. Bei allen lassen sich damit „Kindheits-Steine" auf dem Weg zum Erfolg sanft und doch effektiv wegräumen.

MEMO

Das Auf und Ab des Lebens zwingt das Glaubenssystem dazu, sich zu verändern – mal schneller, mal langsamer. Das, was Sie noch vor zehn Jahren geglaubt haben, entspricht nicht mehr dem, was Sie heute glauben. Natürlich können Sie einen solchen Prozeß auch vorsichtig selbst in Gang bringen, wenn Sie Hilfe von außen, also einen Coach in Anspruch nehmen. Manchmal gibt es auch extreme Veränderungen im Glaubenssystem, verursacht durch Unfall, Krankheit oder Nahtoderfahrung.

"Instinktives individuelles Selbst"
Ihre Fähigkeiten – Ihr Handwerkszeug

Für Sie wahrscheinlich ein recht unverständlicher Ausdruck, dieses „instinktive individuelle Selbst".

individuell:
Weil kein anderer Mensch so aussieht und auch nicht so ist – wie Sie.

instinktiv:
Eine Verhaltensweise, die keiner Übung bedarf und den Anreizen ihrer eigenen Natur folgt. Wir handeln automatisch richtig.

Selbst:
Das sind Sie, Ihre Essenz, Ihr unverwechselbares Sein.

Da der Begriff „instinktives individuelles Selbst" doch recht kompliziert ist und auch immer Anlaß zum Grübeln gibt, möchte ich ab sofort den Ausdruck „angeborene Natürlichkeit" verwenden. Meines Erachtens kommt dieser Ausdruck dem instinktiven individuellen Selbst am nächsten und ist leicht zu verstehen.

Ihre angeborene Natürlichkeit ist meist völlig verschieden von dem, was Sie zu sein glauben. Deswegen heißt sie auch „angeborene" Natürlichkeit. Sie beginnt im Moment der Empfängnis und bestimmt von da an bis zum Tode Ihre grundsätzlichen Reaktionen auf das Leben.

„Stop!" könnten Sie nun denken. Vorhin im Zusammenhang mit dem Glaubenssystem hieß es, daß unsere Reaktionen auf das Leben in der Kindheit angelegt sind und wir diese im Erwachsenenalter stets aufs neue wiederholen. Weiterhin könnte es sein, daß wir irgendwann diese Komfortzone erweitern und somit zusätzliche, neue Muster verwenden.

Steht das nun im Gegensatz zu dem, was Sie gerade über die grundsätzlichen Reaktionen auf das Leben durch die angeborene Natürlichkeit gehört haben? Ja, ganz gewiß! Aber nun möchte ich Sie zu etwas verführen. Nämlich dazu, daß Sie mit Ihrer angeborenen Natürlichkeit als starkem Verbündeten rechnen dürfen. Und genau diesen Verbündeten brauchen wir, um zum Erfolg zu kommen!

Die angeborene Natürlichkeit – ein starker Verbündeter

Wir können aufgrund der Erfahrungen, die wir in unserer Kindheit gemacht haben, die Verhaltensmuster unserer angeborenen Natürlichkeit verleugnen. Sie wissen schon: Dafür sorgt das im Laufe der Kindheit entstandene Glaubenssystem. Diese Verleugnung bedeutet meist nichts anderes, als daß die angeborene Natürlichkeit außerhalb der Grenzen des Glaubenssystems liegt.

Anhand des Themas „Selbstvertrauen" möchte ich dies verdeutlichen. Nehmen wir einmal an, Sie sind ein Kind und haben ein richtig gutes und ausgeprägtes Selbstvertrauen. Ihre Mutter dagegen tritt in ihrer angeborenen Natürlichkeit Ihnen gegenüber eher vorsichtig auf und ist bestrebt, Sie zu beschützen. Sie selbst mit Ihrem ausgeprägten Selbstvertrauen fühlen sich eigentlich allen Situationen gewachsen. Denn Sie fühlen, Sie werden gefordert, Sie werden gebraucht und befinden sich an der richtigen Stelle. Mit dieser Einstellung gehen Sie die jeweilige Situation auch an. Ihr Selbstgespräch lautet, vielleicht etwas weniger poetisch, aber doch in etwa so: „Ich bin von Natur aus selbstsicher!" Dagegen das natürliche Selbstgespräch Ihrer Mutter: „Ich bin von Natur aus vorsichtig!"

Was kann in Situationen, in denen Sie und Ihre Mutter gemeinsam aktiv sind, passieren, wenn es gilt, diesen mit Selbstvertrauen zu begegnen? Sie ahnen es vielleicht bereits?

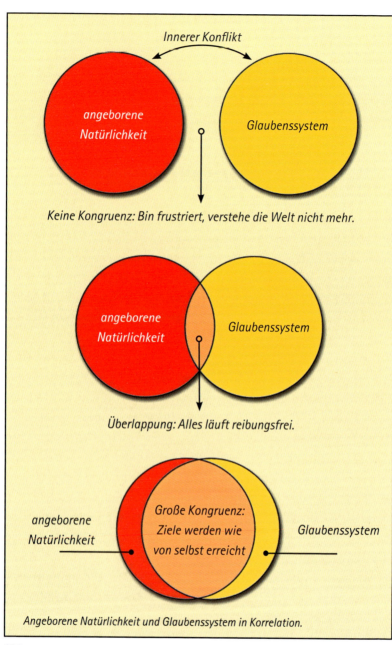

In Ihrer kindlichen und noch unverfälschten Art von Unschuld und Vertrauen werden Sie mit Ihrer angeborenen Natürlichkeit (ausgeprägtes Selbstvertrauen) die Situation angehen wollen. Ihre Mutter aber wird Sie mit ihrer Art von Vorsichtigkeit ermahnen. Sie vielleicht bremsen, Sie so ansprechen, wie es ihrer eigenen Geschichte entspricht. Nehmen wir weiterhin an, Ihre Mutter macht das regelmäßig und konsequent. Da Sie selbst infolgedessen nie so handeln können, wie es Ihrer natürlichen Art entspricht, dürften bei Ihnen als Kind langsam, aber sicher Selbstzweifel aufkommen. Ihr Selbstgespräch könnte dann lauten: „Ich fühle mich entmutigt, verlegen, sprachlos, verzweifelt. Ich weiß nicht, wie ich diese Situation meistern soll!" Solche Situationen brauchen sich nur oft genug zu wiederholen, und Sie beginnen, Ihr eigentlich ausgeprägtes Selbstvertrauen zu verleugnen. Damit verhält sich Ihr Selbstgespräch kontraproduktiv im Hinblick auf Ihre angeborene Natürlichkeit.

> *Für den Sport gilt demnach:*
> *Erst kippt das positive Selbstgespräch, danach die Leistung.*

Was das Kind nun durch das mütterliche Verhalten gelernt haben könnte: „Immer wenn ich neue Situationen EBENBÜRTIG, d. h. mit meiner angeborenen Natürlichkeit angehe, gibt es „Ärger" mit meiner Mutter. Ich darf nicht so sein, wie ich bin. Ich fühle mich in dieser Situation ENTMUTIGT."

Und wieder wird es für die Ausübung jedweder Sportart interessant: Das ist genau die Emotion, die unter dem Ursprungs-Erlebnis „neue Situation" abgespeichert ist. Kommt dieser Mensch als erwachsene Person in eine Situation, die das Gehirn auf „neue Situation" vergleicht, wird das Gehirn die damit verbundene Emotion auf die aktuelle Situation übertragen. Dieser Erwachsene wird sich in einer solchen Situation entmutigt fühlen, ohne so recht zu wissen wieso! Seine eigentliche Natürlichkeit von „selbstsicher" wird in dieser Situation nicht mehr vorhanden sein.

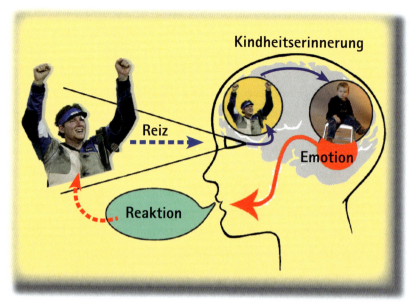

Reiz-Reaktions-Mechanismus

Sollte dieser Mensch als Erwachsener im Privat-, Berufsleben oder im Sport auf seinem Weg verstärkt Selbstvertrauen brauchen, dann wird der Erfolg aufgrund des (Streß-)Auslösers "neue Situation" an eine Grenze stoßen. Aber auch hier gibt es Hoffnung. Es gibt Wege, diese Ebenbürtigkeit sowohl Menschen als auch Situationen gegenüber wiederzuerlangen! Der Vollständigkeit halber muß man folgendes sagen: Als diese Mutter ihr Kind zur Vorsichtigkeit ermahnte, handelte sie nach bestem Wissen und Gewissen und wollte ihm etwas Gutes tun. Aber diese Art der Vorgehensweise ist nun einmal die der Mutter und nicht die des Kindes.

Das Kind hat sich durch dieses negative Selbstgespräch eine Blockade kreiert. Eine solche Blockade nennt man auch, geht es um emotionale Streßablösung, eine „negative sich selbsterfüllende Prophezeiung". Sie können davon ausgehen, daß diese negative sich selbsterfüllende Prophezeiung ins

Erwachsenenalter mitgenommen wird. Es ist wichtig, daß Sie das verstehen. Sie haben nämlich dann die Möglichkeit, ein intensiveres Gefühl und mehr Verständnis für sich selbst zu entwickeln.

Ich möchte Ihnen ein Beispiel aus meinem Leben erzählen. Als Jugendlicher habe ich im Fußball meist Libero gespielt, und der Abstoß war speziell meine Aufgabe. In der D-Jugend kam mein Trainer auf mich zu und meinte, daß er nicht verstehe, daß ich im Training die besten und weitesten Abschläge machte, während ich es im Spiel gerade mal über die Strafraumgrenze schaffte.

Erklären konnte ich es mir damals nicht, genausowenig wie das Toreschießen. Immer wenn es darauf ankam, schoß ich vorbei. Ich glaube, ich habe in meiner Jugend keine zwanzig Tore geschossen, die meisten davon waren Elfmeter. Dieses Muster war auch später noch zu erkennen, als ich in einer Hobbymannschaft weiterspielte.

Vor ein paar Jahren nahm ich mir die Zeit und machte mir den „Spaß", hinter dieses Muster zu schauen. Es war hochinteressant, das Muster, das Glaubenssystem, kennenzulernen, welches mir das Toreschießen verbot. So richtig Spaß machte es allerdings erst, als ich am eigenen Leib zu spüren begann, welche kleinen und großen Wunder geschehen, wenn sich Glaubensmuster auflösen: Auf dem folgenden Vereinsturnier schoß ich dann gleich fünf Tore.

Wie sieht es bei Ihnen aus? Waren Sie ein Kind, das in der Schulzeit bei wichtigen Prüfungen sein Wissen immer optimal abrufen konnte? Legen Sie bitte Ihr Niveau im Bereich zwischen 0 und 100 für sich fest. „0" heißt regelmäßig blockiert und „100" alles lief einwandfrei.

MEMO

Emotionen aus der Kindheit sind Auslöser für das Verhalten des Erwachsenen.

Wir sind Marionetten unserer Kindheit.

Vergleichen Sie bitte diese Zahl mit derjenigen, die Ihren Stand im sportlichen Wettkampf beziffert. Oftmals gibt es Parallelen. Manchmal aber manifestieren sich diese nicht im Ergebnis. Es kann beispielsweise auch der Grad der Nervosität vor einem Wettkampf sein, der im Vergleich zur Aufregung vor einer Prüfung gesehen werden muß. Leider lassen sich diese latenten Parallelen nicht immer erkennen.

Neben den negativen gibt es auch die positiven sich selbst erfüllenden Prophezeiungen. Nur nehmen wir diese leider zu wenig wahr. Das können Sie dann erkennen, wenn Sie eine Aufgabe erledigen und alles reibungslos klappt. Nach den Gründen für den Erfolg wird dann gewöhnlich nicht gesucht. Man könnte auch sagen, wir sind Marionetten unserer in der Kindheit gespeicherten Emotionen. Wissenschaftler gehen davon aus, daß wir Erwachsene in mehr als 95 % unserer Zeit in Automatismen handeln – unbewußt und aufgrund von Kindheitserfahrungen. Nur in maximal 5 % unserer Zeit handeln wir bewußt.

> *Bewußtes Handeln: „Nicht immer, aber immer öfter!"*
> *Ein Ziel des mentalen Trainings.*

Warum ist es so wichtig, sich Ziele zu setzen?

Helmut Qualtinger, ein Wiener Kabarettist, sieht einem jungen Mann zu, wie er auf seiner Harley Davidson sitzt und sie blubbern und aufheulen läßt. Neugierig geht er auf ihn zu: „Na, wo soll's denn hingehen?" Woraufhin der Lederbekleidete langsam die Schultern hochzieht und in bestem Wienerisch antwortet: „Des wois i net, aber dafür bin i um so schneller dort!" – „Nein", sagen wir, „Zielvorstellungen sind wichtig!"

Ziele werden durch bewußte Wahl festgelegt. Wenn wir uns keine Ziele setzen, überlassen wir uns unserem (einschränkenden, auf Angst oder Schmerz oder Angst vor Schmerz geprägten) Glaubenssystem. Dann ergeht es uns so wie dem jungen Wiener: Wir kennen weder das Ziel noch den Weg.

Wenn Sie sich Ziele setzen – und dabei spielt die Sportart keine Rolle –, dann liefern in erster Linie die Emotionen den Treibstoff für Ihren Motor. Die

Kampf der Emotionen. Das Zünglein an der Waage: Die Emotionen aus der Kindheit können gegen die Emotionen aus der Zielvorstellung ankämpfen.

Emotionen, hervorgerufen durch die Zielvorstellung, sind die Motivation, das innere Feuer. Auf dem Weg zum Ziel findet zunächst der Wettkampf der Emotionen Ihres Glaubenssystems mit den Emotionen Ihrer angeborenen Natürlichkeit statt. Erst wenn beide übereinstimmen, ist der Weg zum Ziel frei. In der Praxis bedeutet dies: Die Emotionen arbeiten nicht länger gegeneinander, das Training kommt an, die Ergebnisse verbessern sich, die Etappenziele werden zur erwarteten Zeit, ja selbst das ganz große Ziel wird am Tag X erreicht.

Vielleicht verstehen Sie nun besser, warum mir das Zeitungsinterview mit Christian dermaßen gegen den Strich ging. Ich glaube zu wissen, daß das Ziel ERREICHEN DES FINALES vom Glaubenssystem gesetzt wurde. Und ich glaubte zu wissen, daß er mit seiner angeborenen Natürlichkeit, seinen Fähigkeiten, wesentlich weiter gehen könnte.

Sollten Sie Ihr gesetztes Ziel nicht oder nur mit viel Kampf und Krampf erreichen, dann haben auch Sie hinfort einen wichtigen Ansatzpunkt: Befinden sich die beiden emotionalen Träger im Gleichgewicht?

EQ-Training oder Warum mentales Training alleine nicht ausreicht

Abgeleitet vom IQ, dem Intelligenzquotienten, stellt der EQ den Emotionsquotienten dar. Während sich das mentale Training mehr auf der Bewußtseinsebene vollzieht, bringt das EQ-Training als Ergänzung die emotionale Klärung der Kindheit mit ein. Das ist, so meine ich, das eigentlich Neue meines Ansatzes als Coach – vor allem im Sport.

MEMO

> Ziele zu setzen ist Sache des Bewußtseins – Ziele zu erreichen ist Sache der Emotionen.

Grundsätzlich kann gesagt werden: Die in der Kindheit verankerten Emotionen aufzuarbeiten ist eine einmalige Arbeit. Das heißt: Dieser Mensch bekommt die Wahl über seine Verhaltensmuster/Emotionsmuster zurück! Ist dies einmal geklärt, bedarf es keiner weiteren Aktivität; die positive selbsterfüllende Prophezeiung ist verankert und aktiv. – Ist das nicht phantastisch?

Auch aufgrund des Wissens um den Wettkampf der Emotionen ist es wichtig, dem Weg ein Ziel zu geben. Die bewußte Entscheidung ist elementar, ist sie doch Voraussetzung dafür, daß sich der ganze menschliche Organismus auf die Aufgabe und somit auf das Ziel einstellt.

An einem kleinen Spielchen möchte ich Ihnen zeigen, wie wichtig Ihre bewußte Entscheidung ist.

Anleitung für das nebenstehende Spielchen:

Halten Sie diese Punkte direkt vor Ihre Augen, so daß das Blatt Ihre Nase berührt. Nun fahren Sie langsam mit dem Blatt stets auf gleicher Höhe von Ihren Augen weg. Bei einer Entfernung von 20 bis 30 cm werden vier Punkte erscheinen. Spielen Sie sanft mit der Entfernung weiter. Fahren Sie mal etwas näher, mal etwas weiter weg, bis sich zwei Punkte übereinander schieben und in drei Punkte verwandeln. Sollte dies nicht gleich funktionieren, dann hat dies nichts mit einem Sehfehler zu tun, sondern es klappt eben gerade mal nicht. Wenn Sie die drei Punkte haben, halten Sie diese Position. Ist der mittlere Punkt rot, sagen Sie bitte „blau", ist er blau, sagen sie „rot" und schauen, was passiert. STOP! Bevor Sie weiterlesen, sollten Sie jetzt erst ausprobieren.

Ziel dieses Spiels ist es, mit der Farbe des mittleren Punktes nach eigener Vorgabe zu jonglieren. Wundern Sie sich nicht, wenn der Punkt nach einer gewissen Zeit von alleine wieder in die ursprüngliche Farbe zurückkippt.

> *Fazit:*
> *Es liegt in unserer Entscheidung, welche Farbe dieser Punkt hat.*
> *WIR legen das fest! WIR haben die Wahl.*
> *Nicht immer, aber immer öfter! Ist das nicht gigantisch?*

Gehirndominanz:

Unser Gehirn hat die Form einer Walnuß. Jede dieser Hälften hat ganz spezielle Funktionen. Jeder Mensch bevorzugt eine Seite. Diese stellt die dominante Gehirnhälfte dar, auch dominante Hemisphäre genannt. Wenn Sie das Schaubild zu den Hemisphären betrachten, dürfte Ihnen klar werden, daß ein Mensch, der linkshirnig dominant ist, an eine Aufgabe anders herangehen und wahrscheinlich auch zu einer anderen Lösung kommen wird als der Mensch, der rechtshirnig dominant ist.

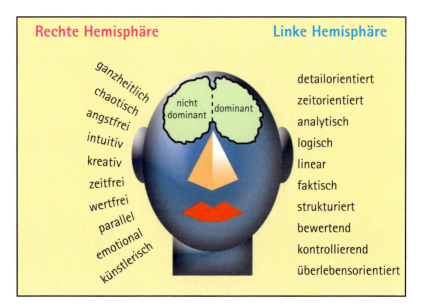

Funktionalität der Hemisphären

Greifen Sie jetzt zum Spaß eine – beliebige – Situation heraus. Und stellen Sie sich vor, Sie hätten in dieser Situation nur die Fähigkeiten, sagen wir der linken Gehirnhälfte zur Verfügung. Und danach wechseln Sie. Stellen Sie sich vor, Sie hätten in dieser Situation nur die Funktionen der rechten Gehirnhälfte zur Verfügung. Wäre das nicht ein enormer Unterschied? Beide Hemisphären sind im Grunde ergänzungsbedürftig, die eine in bezug auf die Fähigkeiten und Funktionen der jeweils anderen.

Die Macht der Gedanken

Bei besagter Übung mit den beiden farbigen Punkten gibt die Farbe des mittleren Punktes – bezüglich der visuellen Wahrnehmung – die dominante Gehirnhälfte wieder. Wie war das noch, als Sie diese Übung machten? War die Farbe des mittleren Punktes, die von Anfang an da war, rot, so ist ihre rech-

te Gehirnhälfte dominant. Oder war sie blau, dann ist die linke Hemisphäre dominant.*⁾ Nun haben Sie jeweils Ihre Farbe gewählt. Und wahrscheinlich wechselte zu Ihrer Überraschung auch die Farbe. Was passierte, ist nichts anderes, als daß auf Grund IHRER Vorgabe Ihr Gehirn die Dominanz wechselte.

Sie können davon ausgehen, daß allein Ihre Gedanken bestimmte Gehirnareale ein- bzw. auszuschalten vermögen.

MEMO

Wenn Sie Ihrem Gehirn nicht vorgeben, was es tun soll, dann macht Ihr Gehirn das, was es schon immer getan hat. Beziehungsweise, was das Glaubenssystem meinte, vorgeben zu müssen.
Wenn Sie aber Ihrem Gehirn sagen, was es tun soll, dann schaltet es auch die dafür notwendigen Funktionen frei.

*⁾ Falls Sie jetzt irritiert sein sollten: Rot war doch auf der linken Seite, also müßte doch auch die linke Gehirnhälfte ...
Zur Erklärung: Was das rechte Auge sieht, wird überkreuz von der linken Gehirnhälfte wahrgenommen. Und umgekehrt.

Die Zielvorgabe ist die Voraussetzung dafür, daß das Gehirn das notwendige Potenzial zur Verfügung stellen kann. Gleichzeitig können, wie im vorausgehenden Kapitel erläutert, die Emotionen aus der Kindheit dieses Potenzial blockieren, wie gut Ihre Zielvorgabe auch sein mag. Und doch beginnt der Weg zum Erfolg immer mit der Zielvorgabe!

In der Praxis sieht das dann so aus: Ein Schütze sagt, er habe vor, eine Medaille zu holen. Das ist sein Ziel. Wenn auch die Ergebnisse der letzten Zeit dafür sprechen, so ist dies ein erreichbares Ziel und somit als Zielvorgabe absolut notwendig. Erreicht er sein vorgegebenes Ziel nicht, aber hat er seine persönlichen Schießergebnisse im Wettkampf bestätigt oder sogar verbessert, so waren die anderen einfach besser. Und das darf auch so akzeptiert und anerkannt werden. Indes, sollte der Schütze es nicht schaffen, im Wettkampf *seine optimale Leistung abzurufen – und dabei spielt es keine Rolle, ob er die angestrebte Medaille holt oder nicht –, dann geht es darum, seine unbewußten blockierenden Glaubenssätze zu verändern.*

Die Macht der Zielvorgabe

Um sich von den Gedanken und deren unbewußten Auslösern zu befreien, muß das Ziel benannt und ausgesprochen werden. Und sprechen Sie es ruhig öfter aus, denn sicherlich haben Sie in dem Rot-Blau-Spiel bemerkt, daß nach einer gewissen Zeit die Farbe von selbst in die ursprüngliche Farbe zurückkippt. Die ursprünglich dominante Gehirnhälfte, die aufgrund Ihrer Vorgabe die Dominanz zeitweilig abgegeben hat, erobert sich die Dominanz zurück.

Auf das Ziel übertragen heißt das: Das Gehirn wird mit der Zeit ins alte Muster zurückfallen. Mit der Wiederholung der Zielvorgabe indes ist ein Lerneffekt für das Gehirn verbunden. Es lernt, das notwendige Potenzial regelmäßig zur Verfügung zu stellen. Durch die Wiederholung der Zielvorgabe wird die Bürde stetig verringert, bis der Weg dauerhaft frei bleibt.

Zielvorgaben laut aussprechen

Das – laute – Aussprechen hat den Effekt, daß eine Zielvorgabe gewissermaßen als Arbeitsanweisung von einer anderen Person angesehen werden kann. Das Gehirn hört diese Anweisung und merkt nicht, daß diese Anweisung kurz zuvor vom eigenen Mund ausgesprochen wurde. Es hält diese für eine Arbeitsanweisung vom „Chef", was auch stimmt. Das ist so ähnlich, wie wenn der Volksmund sagt, daß lautes Beten besser ankommt. Wir hören sozusagen eine Stimme von außen!

„Mein Chef bin ich! Ich gebe mir selbst die Anweisungen - laut und deutlich!"
Das laut gesprochene Wort hat mehr Kraft, mehr Energie, mehr Power, als das gedachte, lautlose Wort.

Jetzt wird's konkret – Techniken und noch mehr Techniken

Techniken erlernen – aber wie?
Ganz allgemein unterscheidet man drei Arten zu lernen:

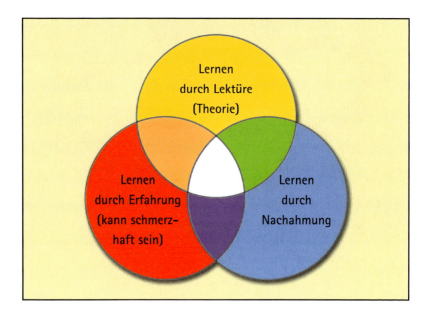

Die dritte der obengenannten Lernformen, Lernen durch Nachahmung, ist im Hinblick auf das „Hineinwachsen" in das hier vorgestellte mentale Training die eigentlich interessante: „Operantes Konditionieren" oder an einem in der Praxis erfolgreichen Modell lernen!

Ich kann Sie nur ermuntern: Nutzen Sie diese Lernchance für sich und übertragen Sie die Techniken auf IHRE Person, auf IHRE Individualität.

Wie werden Ziele richtig formuliert?

Meine erste Aufgabe bestand darin, Christian bei der Veränderung seines Zielsatzes zu begleiten.

Wie bei fast allen Dingen in unserer Welt gibt es auch bei der Formulierung von Zielsätzen Regeln. Ich empfehle Ihnen, diese „Gebrauchsanweisung" von Zeit zu Zeit nachzulesen.

An erster Stelle geben die sogenannten PACE-Kriterien aus der Angewandten Kinesiologie Orientierungshilfe:

P wie positiv

Bestimmt haben Sie alle schon von dem Begriff „positives Denken" gehört. Aber um den geht es hier gar nicht. Viel wichtiger ist es nämlich, sich positiv auszudrücken. Achten Sie einmal darauf, wie oft Sie beim Sprechen Wörter wie „kein", „nie", „nicht", „ohne" verwenden. Versuchen Sie doch einmal, Sätze OHNE diese negierenden Wörter zu formulieren – genauer gesagt – mit anderen Wörtern zu bilden.

Unser Gehirn arbeitet mit Bildern und speichert diese Bilder – und nicht Wörter – ab. Das Gehirn ist nicht in der Lage, Negationen (kein, nie, nicht, ohne) bildlich abzuspeichern. Das bedeutet: Wenn eine negierende Formulierung als Bild vorliegt, dann wird das Bild genau ohne diese negierenden Wörter, also gegenteilig abgespeichert. „Ich will nicht verlieren!" würde in der rechten Gehirnhälfte abgespeichert mit den Worten: „Ich will verlieren." Das kann doch nicht gewollt sein – oder?

Das Bewußtsein selbst kann mit Negationen umgehen. Handeln wir aber – Sie wissen schon, zu 95 % – aus dem Unterbewußtsein oder auch im Streß, kann es sein, daß genau das, was nicht geschehen soll, passiert.

Ein weiteres Beispiel aus dem Fußball: Angenommen, es ist bekannt, daß der Gegner mit der Abseitsfalle spielt. Dann könnte die Anweisung des Trainers an die Spieler lauten: „Lauft nicht ins Abseits." Das wird bildlich abgespeichert als „Lauft ins Abseits". Positiv könnte die Anweisung lauten: „Achtet auf Abseits" oder „Umgeht die Abseitsfalle".

Wenn der Spieler präsent ist, das heißt, wenn er aus dem Bewußtsein heraus handelt, dann setzt er auch die negierte Formulierung richtig um. Ist das Bewußtsein jedoch mit anderen Aufgaben, wie auch immer die aussehen mögen, beschäftigt, so handelt er aus dem Unterbewußtsein. Und dort steht die Anweisung „Lauft ins Abseits". - Toll, was so eine gutgemeinte Anweisung auslösen kann.

Oft versucht man, die sowohl beim Schießen als auch in vielen anderen Sportarten notwendige Ruhe über Autosuggestion – „Ich bin nicht nervös" oder dergleichen – zu finden. Was hierbei passiert, können Sie sich nun denken. Eine bessere Formulierung wäre wohl: „Ich bin ruhig und gelassen."

Aber auch Ausdrücke wie „Dich muß ich immer erst rufen, damit du mich anspielst" haben ihre Eigendynamik. In diesem Fall wird das Gehirn die Rangfolge mit abspeichern. Der Impuls zum Abspielen wird erst durch das Rufen ausgelöst. Das Ganze läuft natürlich unterschwellig ab. Derjenige, der abspielen soll, hat keine Chance, unaufgefordert abzuspielen – schließlich wurde ihm ja gesagt, daß er zunächst gerufen werden muß – es sein denn, er handelt aus dem Bewußtsein heraus, dann funktioniert auch diese Ausdrucksform.

Halten wir also fest: Langfristig sollte die positive, auf das Ziel hinweisende Ausdrucksweise gewählt werden.

> *Ziele müssen positiv formuliert werden.*

A wie aktiv

Bei allem, was Sie tun, sind Sie der bzw. die Aktive. Mit Redewendungen wie „wenn – dann" oder „der andere hat ..." usw. geben Sie die Verantwortung ab. Dies sind zwar gern benutzte Floskeln, aber sie hindern Sie daran, Ihr Ziel zu erreichen. Um ein Beispiel zu geben: „Wenn die Sonne scheint, gewinne ich!" – Sie machen sich abhängig vom Wetter.

Auch mit Aussagen wie „Ich würde gerne das oder jenes tun" bremsen Sie sich selbst. Impliziert der Satz Eigenverantwortung für eine bestimmte Aktivität, so lautet er richtig: „Ich tue das oder jenes!"

Zur Bedeutung des Begriffs „aktiv" ein Beispiel aus der Lernberatung:
Immer wieder habe ich Schüler, die sagen, daß der Lehrer unmöglich sei und daß man bei so einem keine guten Noten bekommen könne. Aber was passiert nun durch diese Aussage? Der Schüler macht seinen Lernerfolg vom Lehrer abhängig. Verstärkt wird die Problematik, wenn auch noch die Mutter auf diesen Zug aufspringt. Beide geben dem Lehrer die Verantwortung für die schlechten Noten des Schülers. Das heißt aber auch. Sie begeben sich in eine Position der Machtlosigkeit. „Wir Armen, wir können überhaupt nichts dafür!" Und so ist es denn auch. Mißerfolg zeichnet sich ab. Eine andere Möglichkeit wäre, die Verantwortung zu tragen, wenn möglich zu 100 %. Mutter und Kind nähmen die Aufgabe an und fragten sich, was sie selbst tun könnten, um Lernerfolg zu erzielen. Es geht darum, dem Kind Handwerkszeug zu geben. Denn nur so stärken Sie es und bereiten es auf das vor, was sich im Beruf eines Tages fortsetzen wird: die Machtlosigkeit dem Chef gegenüber oder die Nutzung eigener Fähigkeiten.

Sie stehen in der Verantwortung für sich selbst und dafür sind Sie aktiv.

C wie clear (klar)

Seien Sie sich im Klaren darüber, was Sie wollen. Drücken Sie sich präzise aus und beschränken Sie sich auf wenige Wörter. Als Richtwert gelten fünf Wörter. CLEAR heißt auch soviel wie „verständlich". Nicht nur Ihnen sollte die Anweisung verständlich sein. Jeder, den Sie auf der Straße treffen und dem Sie diese Anweisung mitteilen, sollte sie sofort verstehen und umsetzen können.

Beispiele:
„Ich gebe heute mein Bestes!" Oder: „Ich übernehme die Verantwortung für mein Ergebnis!" Oder: „Ich bin präsent!"

Formulieren Sie Ihr Ziel klar und einfach.

E wie Energetisieren

Bestimmen Sie Zeitpunkt und Zeitraum, wann die Energie für dieses Ziel freigesetzt und wie lange sie gehalten werden soll.

Ähnlich wie bei „wenn – dann" wird oft der Startzeitpunkt nach außen abgegeben. Es gibt Ihnen eine starke innere Kraft, wenn Sie den Zeitpunkt für eine Aktion selbst bestimmen.

Wer oder was hält Sie davon ab, diese PACE-Kriterien auch im Alltagsleben anzuwenden?

Was hält sie davon ab, JETZT GLEICH zu beginnen? Mit der Entscheidung für „jetzt" ist der Startschuß für die Fokussierung der Energie gegeben.

Sie legen den Anfang und das Ende fest.

Ein Beispiel aus meiner Zusammenarbeit mit Christian:

Um Christian in bezug auf seinen visuellen Zugang zu unterstützen, erstellten wir für den Zielsatz ein Diagramm, welches das unbewußte Energetisieren zur Absicht hatte. Ich nenne es Energie-Intentionskurve.

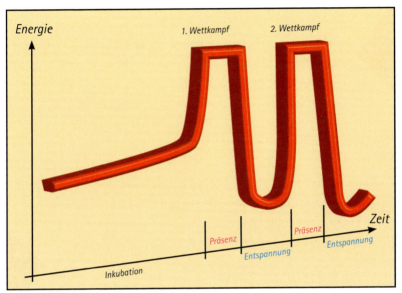

Die Energie-Intentionskurve mit den Zeitfenstern der Präsenz für zwei Wettkämpfe.

Einige Erläuterungen zum Diagramm:

Die Inkubation ist die Zeit der Vorbereitung. Hier braucht die Energie für das Ziel selbst nicht hoch zu sein. In diesem Zeitraum gilt es, die Energie für die Verbesserung bzw. Stabilisierung der Schießergebnisse zu nutzen. Dann kommt der erste Wettkampf, Liegendschießen. Hier muß er für das Ziel zu 100 Prozent „präsent" sein. Anschließend die Entspannungsphase. Alle Emotionen, wie auch immer sie aussehen, sollten innerhalb dieser Zeit „ausgelebt" werden, um dann für den zweiten Wettkampf, den Dreistellungskampf, emotional weitestgehend unbelastet zu sein. Für Christian war es nicht notwendig, Datum, Uhrzeit und Prozentzahlen für die einzelnen Abschnitte anzugeben.

Christians Hausaufgabe bestand nun darin, dieses Diagramm an einem Platz aufzuhängen, daß er es im Vorbeigehen automatisch sehen konnte. Mit diesem kleinen Kunstgriff beabsichtigte ich, die Information der Energetisierung visuell zu verstärken und gleichzeitig die bewußte Auseinandersetzung zu vermeiden. Mit jedem „Vorbeilaufen" an diesem Diagramm war es Christian also möglich, die Information der Energie-Intentionskurve visuell, jedoch unbewußt aufzunehmen.

Die PACE-Kriterien und Ihr Gefühl

Als Kontrolle über die Qualität Ihres Zielsatzes dient zum einen die Einhaltung dieser Regeln. Zum anderen ist der gesunde Menschenverstand wichtig. Dinge, die nicht zu erreichen sind, brauchen Sie sich nicht zum Ziel setzen. Hohe Ziele, langfristige Ziele dagegen sollten in einzelne Etappenziele unterteilt werden.

Untersuchen Sie den Zielsatz im Hinblick auf das Gefühl, das er bei Ihnen auslöst. Sollte unter Einhaltung aller Regeln Ihr Gefühl mit dem Zielsatz nicht übereinstimmen (Aussagen wie: „Das ist es nicht!", „Das fühlt sich nicht rund an!" etc.), dann verändern Sie bitte den Zielsatz, bis ihr Gefühl „Ja" sagt.

Unterstützende und verändernde Maßnahmen zum richtigen Zeitpunkt

Verändernde Maßnahmen sind Eingriffe in das System Mensch und haben eine neue Struktur zum Ziel. Das bedeutet: Wenn ein Mensch eine bestehende Struktur verändert, durchläuft er zwangsläufig eine Phase der Unordnung (inneres Chaos). Aus dieser Unordnung kann die neue Struktur entstehen. Die Länge dieser Umbruchsphase ist allerdings nicht immer vorhersehbar. Sie kann im Sekunden- oder im Wochenbereich liegen. Darum ist bei verändernden Maßnahmen Vorsicht geboten. Umbruchsphase und Wettkampf sollten ja gerade nicht zeitlich zusammenfallen. Der ungeordnete innere Zustand sollte vielmehr zum Wettkampf hin überwunden sein.

Das Arbeiten in der Kindheit, die Gegenüberstellung von Glaubenssystem und angeborener Natürlichkeit, ist eine verändernde Maßnahme. Mit Christian hatte ich glücklicherweise zwei Jahre zuvor an seinem Glaubenssystem gearbeitet. Damit war klar: Ein großer Stein auf dem Weg zu seinem Ziel war bereits weggeräumt und die neue Struktur längst stabil.

Für die Zusammenarbeit jetzt, drei Monate vor der Olympiade, wählten wir natürlich den Weg der unterstützenden Maßnahmen. Das sind Dinge wie Abläufe, bewußte und unbewußte Automatismen. Die hoben wir ins Bewußtsein, um sie auszuarbeiten und teilweise zu ritualisieren.

Zu dieser Art der emotional-mentalen Arbeit möchte ich Ihnen einige Beispiele anführen.

Wie geht man in das Schießen richtig hinein?

Ein enorm wichtige Phase für das Schießen ist die Zeit bzw. der Zustand direkt vor dem Schießen; oder emotional ausgedrückt: „wie" man in das Schießen hineingeht. In den meisten anderen Sportarten ist dies ähnlich. Sie können also mit etwas Einfallsreichtum diese Vorgehensweise auch auf andere Sportarten übertragen.

Sicherlich haben Sie schon davon gehört, daß man bestimmte Abläufe automatisieren muß. Dagegen arbeite ich, um einen bestimmten Zustand für eine bestimmte Aufgabe zu erreichen, mit Ritualen. Ein Ritual hat im Vergleich zu einem Automatismus verschiedene Vorteile. Ein Automatismus wird im Bewußtsein geboren und im Unterbewußtsein abgelegt. Klar, auf diese Weise laufen Vorgänge unbewußt ab. Aber ebenso laufen auch andere Automatismen, über die man nicht Bescheid weiß, unbewußt ab. Diese können den Erfolgsautomatismus behindern oder gar zerstören.

Das Ritual hingegen hat eine völlig andere Aufgabe. Hier spielt sich alles im vollen Bewußtsein ab. Ich tue etwas ganz Bestimmtes ganz gezielt, sehr bewußt und vor allem mit einer „klaren Energie". Das Bewußtsein, der Zustand des Menschen, verändert sich durch das Ritual. Die Kunst des Ritualisierens besteht darin, die Energie bestmöglich dem Bewußtsein zuzuführen. Das ist – unabhängig von der Sportart – ein ganz entscheidender Faktor.

Typisch sind solche Prozesse im Fußball, etwa in Pokalspielen, in denen immer wieder ein kleiner Verein einen der Großen zu besiegen vermag. Die Spieler gehen raus aus ihrem Standard-Rundenspiel, rein in die Besonderheit eines Pokalspieles. Diese Besonderheit schärft das Bewußtsein, durchbricht Routinestrukturen und plötzlich ist vieles möglich. Ein Ritual macht jeden Vorgang GEZIELT zur Besonderheit.

Um Ihnen besser zeigen zu können, wie ein Ritual kreiert und angewandt wird, unterscheide ich verschiedene Phasen.

Phase 1: Den notwendigen Zustand erkennen

Mit Christian ging ich die Eigenschaften durch, von denen er meinte, daß er sie brauche, um gut schießen zu können. So sprachen wir über die innere Ruhe, die Konzentration, die richtig dosierte Spannung im Körper und andere Eigenschaften. Wir nahmen zunehmend Differenzierungen vor und teilten schließlich diese Eigenschaften in „weniger wichtig" bis „wichtig" ein. Ebenso achteten wir auf Überschneidungen. Am Ende unserer Unterredung blieben sechs Eigenschaften – Qualitäten – übrig, die im Falle von Christian einen guten Zustand beim Schießen gewährleisten sollten.

Wichtige Eigenschaften, die ein gutes Schießen ermöglichen, werden ausgearbeitet.

Neben der Qualität ist auch die Quantität, also das Verfügen über eine Eigenschaft in einer bestimmen Menge, ausschlaggebend. Beides ist wichtig für die innere Einstellung. Das Faszinierende an dieser Art des Ritualisierens ist, daß sich die verschiedenen Aspekte gezielt herstellen lassen und dann entsprechend mit ihnen gearbeitet werden kann. Dazu ist zunächst ein Gespräch erforderlich: Es gilt, die ausschlaggebenden Eigenschaften zu finden und diese mit den richtigen Schlagwörtern zu versehen. In Christians Fall war es nicht notwendig, eine Reihenfolge zu beachten.

Seine Schlagwörter waren:

1. allgemeines Wohlbefinden
2. Gelassenheit
3. Egoismus
4. Wohlfühltemperatur
   (Das Thema „Hitze" war speziell für Athen wichtig.)
5. innere Ruhe / Ausgeglichenheit
6. Selbstsicherheit

Vorsicht: Das sind Christians Schlagwörter! Es kann sein, daß Sie mit diesen Schlagwörtern etwas anderes assoziieren als er. Finden Sie bitte Ihre eigenen Eigenschaften und Schlagwörter heraus.

Phase 2: Den Zustand verankern

Für mich war es wichtig, das Ritual in seinen normalen Ablauf zu integrieren. So konnte Christian in Ruhe arbeiten. Wir nutzten hierzu seinen Weg zum Stand, genauer gesagt, die letzten sechs Schritte. Dorthin setzten wir die sogenannten „Bodenanker". An diese Stellen legte ich jeweils ein Blatt Papier, auf dem jeweils eines seiner Schlagwörter stand. Nun durfte sich Christian auf das erste Blatt stellen und die Arbeit an der Selbstwahrnehmung und Dosierung – Phase 3 – begann.

Der Weg wird für die Qualitäten vorbereitet.

Phase 3: Den Zustand regulieren

Als Christian auf dem ersten Blatt stand, fragte ich ihn, wie sich Egoismus anfühle. In einer Skala von Null bis Zehn, wobei Zehn den höchsten Wert darstellt, sollte er erfühlen, welchen Wert er gerade einnahm. Eine weitere Frage war, welches Level er grundsätzlich brauche, um sich im Wettkampf richtig gut zu fühlen. Interessant und überraschend für mich war, daß er meist einen Wert unter Zehn angab. Hatte er nun zu dieser Eigenschaft ein Gefühlslevel, welches über dem notwendigen Wert lag, konnte er zur nächsten Eigenschaft schreiten. War sein Gefühlslevel unter dem notwendigen Wert, gab es zwei verschiedene Methoden, um das Niveau zu erhöhen.

Eine Methode war, die Erinnerung an eine Situation, in der er genau diesen Zustand hatte, den er nun bräuchte, zurückzurufen. Dazu mußte er auch mal länger nachdenken. Natürlich konnte es auch ein Erlebnis sein, welches nichts mit Schießen zu tun hatte. Grundsätzlich wichtig ist nur, diese Eigenschaft im richtigen Level zu haben. Das Eintauchen in die Erinnerung, begleitet von tiefen Atemzügen, bringt meist, so auch bei Christian, das Level über das notwendige Niveau.

Die zweite Methode, das Niveau zu heben, bestand darin, eine bestimmte Atemtechnik anzuwenden. Christian sollte sich vorstellen, wie er die gewünschte Qualität mittels Einatmen aus der Erde über die Beine hochzöge, gewissermaßen „hochatmete". Er tat das so lange, bis sein ganzer Körper mit dieser Eigenschaft gefüllt war.

Als wir dieses Ritual für alle sechs Schritte zum ersten Mal durchliefen, brauchten wir rund eineinhalb Stunden, bis jener Zustand erreicht war, den sich Christian für das Schießen vorstellte. Es war für Christian und mich wichtig und es ist generell wichtig, in der dritten Phase behutsam und mit ganzer Energie die Selbstwahrnehmung zu schulen. Der erste Durchgang sollte da-

Das Quantitätslevel wird reguliert.

bei so intensiv wie irgend möglich durchlaufen werden. Ziel ist es, den Körper fühlen zu können. Der Sportler muß regelrecht nach den jeweiligen Gefühlen greifen, um sie be-greifen zu können. Je klarer und intensiver diese hierbei erfahren werden, desto schneller und effektiver kann die betreffende Person damit anschließend in der Praxis arbeiten.

Phase 4: Den Selbstwahrnehmungsprozeß verkürzen

Für dieses Ritual vor jedem Schießen eineinhalb Stunden aufzuwenden wäre natürlich zuviel. Damit war der nächste Schritt vorgegeben. Es ging nun darum, den zeitlichen Ablauf zu verkürzen unter Beibehaltung von Qualität und Quantität.

Wir greifen nochmals auf den bereits in Phase 3 genutzten Effekt der positiven Erinnerung zurück. Jede Erinnerung ist an Emotionen geknüpft. Die Qualitäten, die Eigenschaften, hingegen sind nichts anderes als Gefühle.

Kurze Anmerkung: Ich differenziere zwischen Emotion und Gefühl: Eine Emotion ist ein unbewußter, unklarer und deshalb noch nicht benannter, noch nicht definierter Zustand. Ein Gefühl hingegen ist ein bewußter Zustand. Eine Emotion muß ein – bewußtes – Gefühl werden, erst dann können wir mit ihr arbeiten.

Erinnere ich mich an ein Erlebnis, wird zugleich die dazugehörige Emotion ausgelöst. Und sie löst wiederum einen entsprechenden Chemiecocktail aus. Dies ist der ewiggleiche Vorgang, der so in jedem Körper und Gedächtnis abgespeichert ist. Umgekehrt aber verhält es sich genauso: Ich brauche für meine Sportart einen genau definierten Zustand. Um diesen Zustand zu erreichen, brauche ich das Gefühl, das den gewünschten Chemiecocktail im Körper aus-

löst. Ist der Chemiecocktail aktiviert, habe ich automatisch den gewünschten Zustand. – Klingt das kompliziert oder ist das einfach?

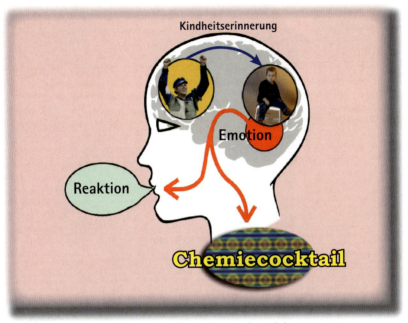

Das Prinzip, wie ein gewünschter Zustand provoziert wird.

Zur praktischen und verständlichen Anwendung des Sachverhalts greife ich das Schlagwort „Wohlfühltemperatur" auf. Wohlfühltemperatur bedeutete für Christian: Ich stelle mich auf heiße Temperaturen ein und komme damit zurecht. Um nun schnell auf das Level „Wohlfühltemperatur" zu kommen, brauchten wir einen Auslöser für den Chemiecocktail. Christian erzählte mir, bei einem Wettkampf in Zagreb sei es so heiß gewesen, daß einer der Teilnehmer umkippte. Ich fragte ihn, wie es ihm selbst ergangen, wie er mit den Bedingungen in Zagreb zurechtgekommen sei. Er meinte, Zagreb war ein toller Erfolg. Das war der Schlüssel: ein passendes, ein erfolgreiches Erlebnis aus der Vergangenheit. Nun tauschten wir das Blatt, auf dem „Wohlfühltemperatur" stand, durch ein Blatt mit „Zagreb" aus.

Der richtige Auslöser als Turbo für den gewünschten Zustand.

Der Effekt beim Durchschreiten des Rituals war jetzt nicht mehr „Wohlfühltemperatur" und „Ich stelle mich auf heiße Temperaturen ein und komme damit zurecht", sondern „Zagreb" und „Mit Hitze läuft es gut bei mir". Durch die Erinnerung an Zagreb wurde nicht nur das Zurechtkommen mit Hitze ausgelöst, sondern der Zusammenhang „Hitze und Erfolg". Dies ist ein Auslöser, der den Zustand klar vorgibt.

> *Trotzdem war und ist es noch notwendig, zu erfühlen, ob mit „Zagreb" tatsächlich das gewünschte Level bereits erreicht ist.*

> *Je öfter man solch ein Ritual durchläuft, desto leichter fällt die Selbstwahrnehmung und auch die Regulation des Niveaus. Mit Training geht das so weit und so schnell, daß während eines normalen, freilich ritualisierten Schrittes dieser Prozeß ablaufen kann, ohne daß ein Außenstehender etwas davon wahrnimmt.*

Für Christian war bereits nach dem ersten Durchlauf klar, daß er die Hilfsblätter nicht mehr benötigte und er die sechs Schritte ohne visuelle Bodenanker durchlaufen konnte.

Phase 5: Auch mentale Techniken müssen wachsen und trainiert werden.

Beim ersten Durchgang hatte Christian für zwei Qualitäten keine passende Erinnerung. Infolgedessen war die zeitliche Verkürzung bei zwei Schritten noch nicht optimal. Christian hatte beim Schießtraining deshalb die Aufgabe, diesen Prozeß selbständig weiterzuführen, d. h. sich selbst dabei zu erfühlen und selbstständig zu modifizieren. Erst wenn der Prozeß stimmig wäre, würde er als „Ritual" benannt und, den selbstgemachten Regeln entsprechend, stur durchgeführt werden.

Wie jedes Wort hat auch das Wort „Ritual" seine eigene Energie und sollte damit in seiner Wertigkeit respektiert werden. Das ist ein wichtiger Aspekt für das Gelingen eines Rituals.

Erfolg tut gut.
Wir hatten dieses Ritual ohne Raimunds Wissen ausgearbeitet und ihm auch nichts davon erzählt. Als Christian zum ersten Mal diesen Ablauf in sein Training einbaute, gab Raimund bei der sich anschließenden Feedbackrunde den Kommentar ab, daß Christian heute sehr schnell in das Schießen reingefunden habe. – Schön, wenn Techniken so schnell ankommen!

Zusammenfassung:

Erinnern Sie sich bitte. Um die benötigten Qualitäten aufzubauen, können Erinnerungen aus allen Lebensbereichen mit einbezogen werden. Sinn eines Rituals ist es, im sportlichen Wettkampf die gesamte Lebenserfahrung konzentriert zu nutzen. Der Zustand, mit dem Christian ins Schießen geht, ist die Essenz aus seiner Lebenserfahrung, der sportlichen ebenso wie der privaten und beruflichen.

Diese Essenz, eingebettet in ein Ritual, bringt ihm ein Maximum an Selbstbestimmung über seine Emotionen. Es fördert die absolute Präsenz, die es ihm ermöglicht, sein Potenzial in vollem Umfang zu nutzen. Und genau um das geht es im Wettkampf: Das eigene Potenzial nutzen!

Das war ein Beispiel aus einem Bereich, in dem Christian die Möglichkeit erhielt, mit all seiner Lebenserfahrung sich selbst zu ordnen und aufzubauen. Diese Arbeit war nach innen gerichtet. Eine weitere Aufgabe bestand nun darin, Christian auf die Situation in Olympia, auf die von außen kommenden Stressoren vorzubereiten.

> *Unbewußte Ängste oder Wie kann ich überleben?*

Der Mensch hat grundsätzlich ein Bedürfnis nach Sicherheit. In einer völlig neuen Umgebung mit völlig neuen Menschen ist das Unterbewußtsein zuerst einmal mit der Frage beschäftigt: „Wie kann ich überleben?" Es nimmt sich eigentlich keine Zeit, um sich um die eigentliche Aufgabe zu kümmern. „Erst muß ich mich absichern!"

Solch einen Zustand kennen Sie auch. Wenn Sie im Urlaub sind, dauert es auch immer mehrere Tage, bis Sie „angekommen" sind. Und erst dann setzt der Erholungseffekt ein. Aber auch im Freizeitsport stoßen Sie auf dieses unbewußte Verhalten. Bei jedem Auswärtsspiel, auf jedem fremden Platz ist die Gefahr groß, daß sich IHR Unterbewußtsein vermehrt mit Sicherheitsthemen und nicht mit dem Sport an sich beschäftigt.

Dieser Prozeß wird noch dadurch verstärkt, daß der Gegner meist von einer höheren Anzahl von Fans unterstützt wird. Aber all dies ist nicht zu vergleichen mit der Mächtigkeit von Eindrücken, die auf einen Sportler während einer Olympiade eingehen. Über dieses Thema hatte Raimund aus Trainersicht mit Christian bereits gesprochen. Dennoch bat er mich, dies im Zusammenhang mit meinen „Emotionen" noch einmal zu tun.

Der Emotion SICHERHEIT steht die Emotion VERLUSTANGST gegenüber. Sicherheit löst weitere Emotionen aus wie „motiviert", „geschützt", „mutig", „bedacht" und „stolz". Das sind die Eigenschaften, die gerade ein Olympianeuling braucht, um erfolgreich zu sein. Verlustangst indes löst „fallengelassen", „bedroht", „übersehen", „verängstigt" bis „unerwünscht" aus. Das sind Emotionen, die sogar bei alten Hasen ausgelöst werden können – zumindest im Rahmen einer Großveranstaltung wie Olympia.

Oft ist das Einfachste das Beste.

Als wir unser Gespräch über das unbewußt-emotionale Verhalten an fremden Orten, unter fremden Menschen begannen, war mir zwar klar, worauf es ankommen würde. Doch wie ich Christian zwei Wochen vor Olympia in die Sicherheit begleiten könnte, die er dann in Athen bräuchte, das wußte ich noch nicht.

Nachdem ich ihm meine emotionale Sichtweise erklärt hatte, provozierte ich Christian mittels Fragen, um seine Sichtweise, seine Meinung und seine Erfahrung herauszufinden. Aus dem, was er zu erzählen hatte, kristallisierte sich eine Lösung heraus. Sie läßt sich mit dem Satz „Ich bin in Sicherheit" zusammenfassen. Diese Bestätigung, mit der Ankunft in Athen an sich selbst gerichtet, regelmäßig wiederholt, brachte Christian nun die Sicherheit, die er brauchte.

Und es brachte ihm die Gewähr, sich jetzt nicht mehr um das Drumherum, also um sein „Überlebensthema" kümmern zu müssen. Nein, jetzt konnte er seinen Sport ausüben, ohne sich von noch so großem Lärm belästigt zu fühlen. Das mag für den einen oder anderen lächerlich klingen, und trotzdem ist das genau der Punkt, wieso viele Sportler bei wichtigen Ereignissen ihre Leistung nicht voll abrufen können.

Ein Hinweis für Trainer aller Sportarten: Es geht immer nur darum, wie der Sportler über etwas denkt und fühlt. Und es geht immer nur darum, was beim Sportler – und nicht was bei Ihnen als Trainer – ausgelöst wird. Und welcher Film mit welcher „Tonspur" und welchen Gefühlen beim Sportler innerlich abläuft, bekommen Sie über Hinhören, Nachfragen und „Sicheinfühlen" heraus. Das, was der Sportler sagt, ist zu nutzen, eventuell zu verändern, zu stabilisieren oder auch zu verstärken.

Gar nicht leicht – den Kopf frei kriegen für sportliche Aufgaben

Das Thema „Olympia" war das Thema schlechthin, was Einflüsse von außen und die dazugehörigen inneren emotionalen Zustände anbelangt. Nun ist es aber auch so, daß ein Olympionike mit anderen, nicht kalkulierbaren Situationen rechnen muß. Das können Gespräche mit Funktionären, mit der Presse mit anderen Sportlern sein; das kann mit der Unterkunft, mit Mahlzeiten und mit allem Möglichen sonst zu tun haben. Das Problem ist folgendes: Diese Themen nehmen zuviel Raum ein, beschäftigen einen Hochleistungssportler ständig oder ärgern ihn womöglich sogar. Denn sie kosten ihn zuviel Energie. Energie, die er bräuchte, um sein Ziel zu erreichen. Also war das ein weiteres großes Thema, auf das wir, Christian und ich, eingehen mußten.

Seine Energie, die Christian während eines halben Jahres aufgebaut hat, die er sich extrem hart erarbeitet hat, gehört ihm und nur ihm. Es ist die Aufgabe eines Sportlers, sich seine Energie zu erhalten, sich klarzumachen, wo seine Energie hinzufließen hat. Das ist die Verantwortung des Sportlers. Nur er allein ist Eigentümer seiner Energie. Und so eindeutig und hart machte ich dies Christian auch klar. Es ist nicht die Aufgabe des Umfeldes, ihn zu beschützen. Im Gegenteil, wenn alles normal läuft, zieht ihm das Umfeld seine Energie eher ab. Das muß ihm bewußt sein. In dieser Hinsicht hat er es immerhin leichter als andere. Er ist ein Einzelkämpfer, und das besagt: „Nur ich bin wichtig." Wissen Sie, bei einem Routinier kann das anders aussehen und bei einem Mannschaftssportler muß das sogar anders aussehen. Aber Christian war ein Olympia-Nobody und für die internationale Schießwelt eher ein Youngster. Natürlich bin ich mit ihm die zugehörigen emotionalen Verhaltensmuster

> **MEMO**
>
> Emotionen lösen Bewegung aus.
>
> „Emotion triggers motion."

durchgegangen. Das ist sowohl für die Bestandsaufnahme, für den Weg als auch für die Lösung wichtig. Wenn ich über Emotionen rede, dann geht das unter die Haut. Dann trifft das den berühmten Nerv. Gleichzeitig ist das aber auch die Quelle der Motivation. Ich kann auf ein Motivationsgespräch verzichten, wenn ich die Emotionen direkt ansprechen kann. Die richtigen Emotionen angesprochen – und schon läuft der Sportler in die eigene Begeisterungsspirale hinein.

Wenn wir plötzlich in eine Situation geraten, mit der wir nicht gerechnet haben, meinen wir meist, schnell entscheiden und handeln zu müssen. Dieser Drang, schnell überlegen oder sich auf eine unerwartete Situation einstellen zu müssen, stellt die Kernfrage, ob ich mich auf diese Situation überhaupt einlassen möchte, in den Hintergrund. Hervorgerufen wird die Emotion INNERER WIDERSTAND, welche mehr oder weniger schnell in die Emotion FEINDSELIGKEIT überführt wird, und, weiter noch, in die Emotion GLEICHGÜLTIGKEIT. Beide Emotionen können sowohl nach innen, gegen sich selbst, als auch nach außen, gegen Beteiligte gerichtet sein, was den Menschen belastet, ob er will oder nicht. Speziell der Sportler leidet darunter, den Kopf nicht frei zu haben.

Geht man dagegen bewußt mit der neuen Situation um, besteht – infolge der Emotion ANNAHME der Situation – freie Wahlmöglichkeit. Sie ruft ein „gesundes Ja" oder ein „gesundes Nein" hervor – nach innen gerichtet, zur Situation, und nach außen gerichtet, zu den Beteiligten. Wenn man solch eine bewußte Entscheidung getroffen hat, gerät man nicht in einen inneren Konflikt, ja man trägt sogar mit Leichtigkeit die angenehmen wie auch die unangenehmen Konsequenzen für diese. Auf den Sport übertragen bedeutet die Annahme der Situation in Verbindung mit einer bewußten Entscheidung, daß der Denkprozeß abgeschlossen ist. Das ist letztendlich das Wichtigste: Der Kopf ist frei für die sportliche Aufgabe!

Christian habe ich immer wieder abgehört und mir von ihm erzählen lassen, wie er grundsätzlich mit neuen Situationen umgehen würde.

Wie gelangt man zur emotionalen Zentrierung?

Es beruhigt, wenn man aus verschiedenen Quellen schöpfen kann. So waren die beiden letzten Techniken dem emotional-mentalen Bereich zuzuordnen. In den Situationen, daß Christian mehr innere Ruhe brauchte, gab ich ihm noch eine körperorientierte Zentrierungsübung aus der Angewandten Kinesiologie mit. Ich erlaube mir, für die Beschreibung dieser Übung aus Paul Dennison, Brain-Gym® Lehrerhandbuch (S. 39) zu zitieren.

„Erläuterung der Übung:

Diese Übung verbindet alle bioelektrischen Funktionskreise im Körper; sie spricht damit Aufmerksamkeit einerseits und energetische Desorganisation andererseits an. Leib und Seele entspannen sich, sobald die Energie wieder durch diejenigen Bereiche zirkuliert, die durch Verspannung blockiert waren. Das Halten der Arme und Beine in Form einer Acht (Teil 1) entspricht den Energieleitbahnen des Körpers. Das gegenseitige Berühren der Fingerspitzen (Teil 2) balanciert und verbindet die beiden Gehirnhälften.

Lehrtips:

Teil 1: Im Sitzen legen die Übenden den linken Fußknöchel über den rechten. Sie strecken die Arme nach vorne aus und legen das linke Handgelenk über das rechte. Sie verschränken die Finger, dann drehen sie die Hände nach unten und weiter nach innen, vor die Brust. Nun sollen sie die Augen schließen, tief atmen und sich etwa eine Minute lang entspannen. Wer möchte, kann zusätzlich beim Einatmen die Zunge flach gegen den Gaumen drücken und sie beim Ausatmen entspannen.

Teil 2: Wenn die Übenden mit Teil 1 fertig sind, stellen sie ihre Füße wieder nebeneinander. Sie führen nun die Fingerspitzen beider Hände zusammen und setzen das tiefe Atmen für eine weitere Minute fort.

Entstehung der Übung:

Diese Energieübung führt elektrische Energie aus den „Überlebenszentren" im Hinterhirn zu den Zentren des vernünftigen Denkens im limbischen System und im Neocortex, aktiviert so die Integration der Gehirnhemisphären, verbessert die feinmotorische Koordination und fördert das methodische Denken. Solche integrativen Verbindungen werden normalerweise in der kindlichen Entwicklung durch Saugen und Überkreuzbewegungen angelegt. Andrücken der Zunge an den Gaumen stimuliert das limbische System für emotionale Verarbeitung mit gleichzeitigem höherentwickeltem Denken in den Stirnlappen. Überschüssige Energie im rezeptiven (rechten oder hinteren) Gehirnteil kann sich manifestieren als Depression, Schmerz, Müdigkeit oder Hyperaktivität. In Teil 1 der Übung wird diese

Energie in die expressive (linke) Gehirnhälfte umgeleitet, und zwar durch eine Körperhaltung nach dem Muster einer Acht. Paul Dennison entdeckte, daß diese auch zum Auflösen von emotionalem Streß und zur Verminderung von Lernschwierigkeiten genutzt werden kann."

Christian bei Teil 1 und Rainer bei Teil 2 der Übung zur inneren Ruhe

Hört sich umfassend und gut an. Und wirkt auch so.
Probieren Sie es selbst!

> *Diese Übung bringt emotionale Zentrierung, verstärkt die Aufmerksamkeit und die Selbstkontrolle. Gleichgewicht und Koordination verbessern sich und forcieren eine tiefe Atmung.*

Kampf den Energieräubern

Dies ist ein sehr wichtiges Thema, welches von vielen unterschätzt wird.

Die menschliche Energie, von der ich spreche, hat nichts mit Kraft oder Kondition zu tun. Zur Verdeutlichung führe ich gerne den Vergleich mit einem Wasserkraftwerk an: Nur wenn genügend Wasser im Staubecken (Druck) zur Verfügung steht, kann die Turbine angetrieben werden. Dreht sich die Turbine, liegt es an der Dimension der Turbine, wieviel elektrische Leistung sie liefert. Und nur wenn der Wasserdruck stimmt, kann die Turbine etwas leisten. In diesem bildhaften Vergleich würden also das Staubecken dem Energieniveau und die Turbine der Kraft, Kondition bzw. Konzentration entsprechen.

Da der spezifische Zustand im Menschen kaum faßbar ist, fällt es mir schwer, diesen zu beschreiben. Vielleicht hilft Ihnen der folgende Vergleich mit einem Motor weiter: Die einzelnen Funktionen können optimal aufeinander abgestimmt sein, der Motor kann noch so gut getunt sein – wenn er keinen Sprit bekommt, läuft er nicht.

Legen wir zugrunde, daß jeder Mensch 100 % Energie besitzt, so stellt sich die Frage: Wieviel Prozent stehen ihm tatsächlich zur Verfügung?

Nehmen wir einmal an, daß der Mensch 30 % (fiktiver Wert) seiner Ener-

gie benötigte, um seinen Organismus am Leben zu erhalten (Homöostase). Nehmen wir weiter an, daß er auf insgesamt 75 % seiner Energie zugreifen könnte. Dann stünde ihm die Differenz, also exakt 45 % zur freien Verfügung. Diese wiederum ließe sich – jeweils spezifisch, nämlich in Abhängigkeit von der Art der Aktivität – unterteilen in strukturelle, biochemische und mentale Energie.

Nochmals – der besseren Anschaulichkeit wegen – ein Beispiel aus dem Fußball: Ein Zweikampf benötigt mehr strukturelle (körperliche) Energie als zum Beispiel ein Freistoß, bei dem eher mentale Energie erforderlich ist.

Die freie Energie wird von der Leitungsebene / dem Chefmanager immer in das System geschickt, von dem sie gerade am dringendsten benötigt zu werden scheint. So haben wir oft nach dem Essen das Gefühl von Müdigkeit. Dies hängt damit zusammen, daß besagte Leitungsebene die Energie primär in den Verdauungstrakt sendet und diese somit für andere Aktivitäten (Bewegung, kognitive Arbeit etc.) nicht zur Verfügung steht.

Übertragen wir einmal obige Energiebilanz auf einen Fußballspieler: Nehmen wir an, daß dieser Spieler eine bestimmte Aufgabe zu bewältigen hätte. Nehmen wir weiter an, daß er dafür – über die 45 % freie Energie hinaus – weitere Energie benötigte. Dann stünde der Spieler vor einer Aufgabe, die er vielleicht kurzfristig noch bewältigen könnte, aber auf Dauer nicht durchhalten würde. Im Wettkampf könnte das dann so aussehen: Die Abwehr soll aus taktischen Gründen vermehrt mit Abseitsfallen arbeiten. Würde nun ein Spieler, um diese Aufgabe zu bewältigen, 50 % Energie benötigen, so hätte er in unserem Beispiel 5 % zu wenig. Die Folge könnte sein, daß besagter Abwehrspieler nicht wahrnimmt, wie die Abseitsfalle aufgebaut wird. Er verpaßt diesen Augenblick und hebt das Abseits auf. Allgemein bekannt unter dem Spruch: „Der hat gepennt!"

Beim Schießen kann ein zu geringes Energieniveau bedeuten, daß der Schütze entweder nur schwer ins Schießen reinfindet oder sehr unkonzentrierte Phasen hat bzw. gegen Ende des Wettkampfes abbaut.

Das menschliche Energieniveau ist vielen Energieräubern ausgesetzt. Klassische Stressoren sind nicht ausgeheilte Verletzungen und unausgewogene Ernährung.

Weitere Stressoren könnten sein:

- *Zuschauer (auch Partner/in, Eltern, „Dummschwätzer" etc.)*
- *Angstgegner*
- *Fremder Ort, fremder Platz*
- *Wetter: Wind, Regen, Schnee …*
- *Grundsätzliche Wetterfühligkeit*
- *Fokus auf Fehler anstatt auf Erfolge*

Es gibt die verschiedensten Möglichkeiten, das Energieniveau zu heben. Ich persönlich habe mit Tai-Chi, diversen Visualisierungstechniken und mit Brain-Gym® gute Erfahrungen gemacht.

Aber vergegenwärtigen wir uns auch dies: Im Laufe eines Tages sinkt das Energieniveau, was ganz natürlich ist. In meinem Workshop „Die Energietankstelle" habe ich mit einem Meßgerät, welches die Variabilität der Herzfrequenz mißt, nachweisen können, daß es dennoch Übungen und Techniken gibt, die das Energieniveau wieder heben. So hatte einer der Teilnehmer am Abend ein höheres Niveau als am Morgen, vor Beginn des Workshops. Alle anderen Teilnehmer konnten den Niveauabfall immerhin drastisch reduzieren bzw. stoppen. Das klingt ja fast wie ein kleines Wunder – und ist es irgendwie auch!

Mit der wichtigste Energiespender: Wasser

Der einfachste Energiespender, den jeder Sportler nutzen kann: Wasser trinken. Einfaches, klares Wasser – ohne jegliche Zusätze, gerne auch aus dem Wasserhahn. Raimund hat in seinem Kapitel die Wichtigkeit von Wasser bereits aufgezeigt. Ich möchte Ihnen dies aus neurologischer Sichtweise aufzeigen.

Die Signale in uns, innerhalb des Gehirns, vom Gehirn an die Muskeln und zurück sind elektrische Signale im 0,7 Volt Bereich. Elektrische Signale funktionieren reibungsfrei bei guter Leitfähigkeit. Ist zu wenig Leitfähigkeit vorhanden, wird das Signal so oft gesendet, bis es beim Empfänger verständlich ankommt. Dies bedeutet wiederum Reaktionszeitverlust und ein noch rapideres Absinken der Energie.

Wenn Sie sich etwas Gutes tun wollen, das heißt weniger in Streß kommen und Aufgaben besser bearbeiten wollen, dann trinken Sie genügend Wasser. Die Faustregel für Erwachsene heißt: mindestens 0,2 Liter Wasser pro 10 kg Körpergewicht. Ein Mensch mit 70 Kilo Köpergewicht sollte als mindestens 1,4 Liter Wasser über den Tag verteilt trinken.

Ein Wettkampf im Schießen verlangt über zwei Stunden höchste Konzentration, über zwei Stunden Höchstleistung. Wenn Sie auf der Autobahn zwei Stunden lang über 200 km/h fahren, dann brauchen Sie ja sicher mehr Sprit als bei einer Geschwindigkeit von 30 km/h. Wer viel leistet, verbraucht viel Energie. Darum ist es so wichtig, während des Wettkampfes Energie zu tanken. Sie halten damit nicht nur das Energieniveau, sondern die Aufgabe fällt auch leichter und die Regenerationszeit wird verkürzt. Anders formuliert: Die neuronalen Signale werden rascher auf den Weg geschickt und kommen auch an.

Auch der bekannte TV-Entertainer Harald Schmidt erhöht sein Energieniveau durch regelmäßiges Wassertrinken während der Sendung.

Zwei Wettkämpfe – eine Medaille

Zwei Tage nach dem Wettkampf im Liegendschießen, bei dem Christian die Silbermedaille gewonnen hatte, nahm er am Dreistellungswettkampf teil und wurde Zwölfter. Immer wieder werde ich gefragt, warum Christian im Dreistellungskampf keine Medaille holte.

Christian hatte das Bild der Energie-Intentionskurve in seinem Kopf. Das war die Technik, die er mit nach Athen nahm. Und mit diesem Bild sollte er auch seinen zweiten Wettkampf bestreiten. Ich selbst hatte das Finale im Liegendschießen von Deutschland aus mitverfolgt. Was dann, als er die Silbermedaille gewann, in ihm vorging, wurde mir erst in diesem Moment klar. Ich versuchte, ihn telefonisch zu erreichen – vergebens. Er wurde „isoliert", was eigentlich auch sinnvoll war. Erst abends konnte ich ihm über seinen Vater ausrichten lassen, daß er mich anrufen solle, was er auch tat. Wir sprachen darüber, wie er die Energie der Euphorie bei gleichzeitigem Spannungsabfall emotional so überstehen könne, daß er am Sonntag zum Dreistellungskampf wieder präsent sein würde. Mit der Bitte an ihn, mich am nächsten Tag nochmals anzurufen, beendeten wir das Gespräch. Wie er mir später sagte, verschlief er am nächsten Tag den kompletten Nachmittag und Abend und somit auch das Telefonat. Sie sehen: Das ist das, was passieren kann, wenn sich der in einem halben Jahr aufgebaute Zustand entspannt!

Als Problem erkannte ich nun den Zielsatz: „Mein Ziel ist, ins Finale zu kommen, und dann ist alles möglich!" Das war ein Zielsatz für EINEN Wettkampf. Wir hatten uns auch immer nur über DAS Ziel (also eines) unterhalten. Wie sich das nun am darauffolgenden Sonntag auswirken sollte, konnte ich weder einschätzen noch wissen. Wie auch immer, Christian hatte bis dato seinen größten Erfolg erzielt, und das Schießergebnis im Dreistellungskampf war für ihn ebenso Spitze, wenn auch nicht mit einer Medaille belohnt.

Für die nächste Olympiade werden wir auch noch das Thema „Zwei Wettkämpfe, zwei Ziele" klarer bearbeiten. Versprochen!

Christian bereitete sich gut vor und konnte sein Potential voll ausschöpfen.

Studiogast und Mittelpunkt während eines Interviews im Deutschen Haus.

Gänsehaut-Feeling vor laufender Kamera bei der Siegerehrung.

Der Strahlemann hält seine wohlverdiente Silbermedaille in den Händen.

Stabilisierung

Training bzw. Lernen führt „normalerweise" zu einer Leistungssteigerung. Leistung kann allerdings nicht stetig gesteigert werden. Nach einer gewissen Zeit, so zeigt es die übliche Lernkurve, muß eine Phase der Stabilisierung des Erlernten eingebaut werden. Leider wird diese Phase sehr oft von einem Leistungsrückgang eingeleitet. Erst nach einer gewissen Zeit der Stabilisierung ist es wieder möglich, eine erneute Leistungssteigerung zu erreichen. Und damit beginnt, wie Sie an untenstehendem Diagramm leicht erkennen können, das Spiel von neuem.

In der Praxis kann das so aussehen, daß ein Sportler infolge einer Leistungssteigerung einen internationalen Wettkampf gewinnt und kurze Zeit später auf der darauffolgenden Meisterschaft im eigenen Land weit unterlegen ist.

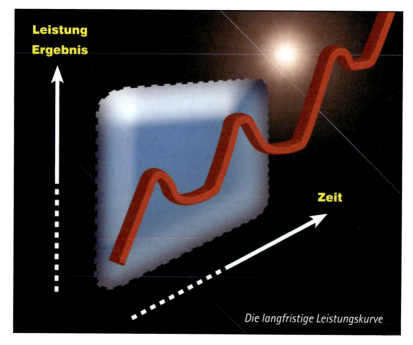

Die langfristige Leistungskurve

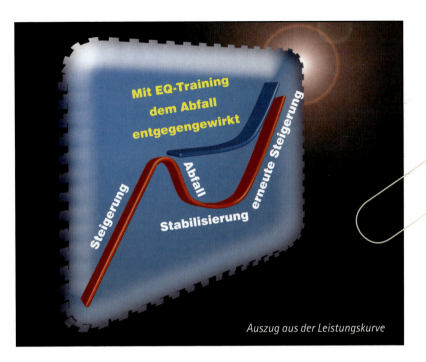

Auszug aus der Leistungskurve

Gerne wird dann von einem Strohfeuer gesprochen. Aber das ist falsch. Das ist natürliches Lernverhalten!!! Wird der Sportler darüber nicht aufgeklärt, kann es passieren, daß er „die Welt und auch sich selbst nicht mehr versteht" und sich aus dieser Phase nicht mehr „herausholt".

Mittels EQ-Training sollte es möglich sein, besagten Leistungsabfall auf einem möglichst „erträglichen" Niveau zu halten. Bereits eine Aufklärung über die „Lernkurve" wirkt streßmindernd, ein möglicher Leistungsabfall kann abgedämpft werden. Das heißt: Nach Gewinn der Silbermedaille wäre bei Christian eigentlich mit einem Leistungseinbruch auf der nachfolgenden Deutschen Meisterschaft, spätestens aber beim Weltcup in Bangkok zu rechnen gewesen.

Nun, wir haben es nicht nur ermöglicht, den Leistungsabfall zu egalisieren. Christian hat es sogar geschafft, trotz Reduktion des Trainingsumfangs in Bangkok noch besser zu sein. Der neue Glaubenssatz „ Ich schieße auch mit wenig Training gut " war ein Schlüssel zu diesem Erfolg.

Zukunftssorgen gibt es auch im Sport

EQ-Training – ein Erfolgsrezept auch für Jugendtrainer?

So wie die Schützenvereine haben auch die Vereine anderer Sportarten große Nachwuchssorgen. Immer wieder heißt es, daß man heute mehr bieten müsse, um den Zulauf an jungen Leuten zu sichern.

Meiner Meinung nach wäre das Problem zu beheben, wenn die Trainer von Jugendmannschaften heute zum Thema „Methodisch-bewußter Umgang mit Menschen" besser geschult würden. Ich bin überzeugt und weiß aus eigener Erfahrung, daß Jugendtrainer viel Freude an der ganzheitlichen, sportlichen wie menschlichen Betreuung von Kindern haben. Genau aus diesem Grunde arbeiten sie ja auch überwiegend ehrenamtlich.

Nur: Wieviel mehr Freude und Erfolg könnten diese engagierten Trainer haben, wenn sie mehr als nur ihre persönliche Erfahrung als Handwerkszeug für die Regelung zwischenmenschlicher Prozesse zur Verfügung hätten. Dieses „Mehr" versuchte ich oben genauer zu bestimmen.

Die Nachwuchssorgen im Sport hängen aber auch ganz direkt mit den Jugendlichen selbst zusammen. Ich denke, für sehr viele Jugendliche wäre die Zugehörigkeit zu einem Sportverein wesentlich attraktiver, wenn sie in stärkerem Maße als Individuum angesehen und behandelt würden. Gerade für Jugendliche ist es wichtig, daß sie ihre Persönlichkeit in einem Team zur Entfaltung bringen können. Damit umzugehen verlangt nicht nur Fingerspitzengefühl, sondern auch Wissen. Wissen, welches ich als „Vorsprung durch EQ-Training" bezeichne.

Vor kurzem kam ein Jugendtrainer auf mich zu, um mich um Rat zu bitten. Er erzählte mir, daß er einen Jugendlichen in der Mannschaft habe, der unregelmäßig zum Training erscheine, der das Training ohne sichtbaren Grund abbreche und die Moral der ganzen Mannschaft „versaue". Da er jedoch ein absolutes Talent sei, stelle sich für ihn die Frage, wie er mit diesem Spieler umgehen solle.

Solche Problemfälle kennt jeder Trainer. Ein Appell an die Moral, an die Disziplin, ein Vier-Augengespräch, Druck – all dies wird nicht oder nur vorübergehend helfen. Ich fragte den Trainer, wer eigentlich ein Problem mit dessen Verhaltensweise habe – er oder der Jugendliche. Letzterer verhält sich beim Sport auch nicht anders als im Leben. Und alle Fragen nach dem warum und alle Aussagen, die auf Anpassung drängen, sind aus der Sicht des Jugendlichen nichts als Standpauken. Und die kennt er schon in und auswendig.

> *Was aber wäre, wenn wir genau hier andere Wege einschlügen, wenn wir ihn aus diesen Mustern lösen könnten?*

Der erste Schritt dürfte sein, den Druck von diesem Jugendlichen zu nehmen. Aus diesem Grunde könnte der Trainer im Gespräch mit dem Jugendlichen nur sagen, er als Trainer habe ein Problem. Denn er wisse nicht, wie er mit ihm zurechtkommen könne. Etwas einzugestehen ist zwar nicht so ganz einfach, aber es entspräche immerhin dem inneren Zustand des Trainers. Weiter: Der Jugendliche möge seinem Trainer sagen, was dieser tun könne, um mit ihm hinfort besser umgehen zu können. Damit hielte der Trainer den Jugendlichen von Vorwürfen fern. Der Jugendliche müßte sich nicht – wie so oft schon – für sein Verhalten rechtfertigen, von dem er vermutlich sowieso nicht weiß, aus welcher unbewußten Ecke es kommt. Der Erwachsene brächte den Jugendlichen jedoch zum Nachdenken. Und der übernähme damit wieder Verantwortung, weil er die Wahl zurückbekäme: Ich kann entscheiden, was zu tun ist, damit es besser läuft.

> *Zum Abschluß unseres Gesprächs meinte der Jugendtrainer, er habe schon alles ausprobiert und er wisse noch nicht genau, wie er meine Information umsetzen könne, aber er wolle es probieren, denn er könne ja nur noch gewinnen. Zwei Wochen später teilte er mir in einem Telefonat mit, daß er bei diesem Jungen zu Hause angerufen habe. Später, aus einem gewissen Abstand heraus, kommentierte die Mutter: „Dem Jungen gefällt es, weil sich endlich mal einer um ihn kümmert!"*

Aber ich möchte noch weiter gehen:

Stellen Sie sich vor, daß sich junge Menschen im Sport nicht nur wohl fühlen, sondern auch durch solche und ähnliche Ereignisse lernen. Ich meine damit: „fürs Leben" lernen. Die Schule hat eine andere Aufgabe. Hier werden andere Dinge gelernt und auch weniger aus dem und für das Leben gelernt. Der Verein indes könnte sich einen eigenen „Sitz im Leben" kreieren, indem er sich die Vermittlung sozialer Kompetenz zur Aufgabe machte. Aber dafür bräuchten wir ausgebildete Trainer, die mehr als ihren Sport beherrschen. Nehmen wir die mentalen Techniken. Wie viele reden von „Blockaden", von „die Einstellung muß stimmen", von „Angstgegnern", von „heute lief alles schief".

Aber das sind doch nicht nur Themen des Sports! Das sind doch auch Themen am Arbeitsplatz und im Privaten. Und jetzt stellen Sie sich vor: Mit genau den Techniken und Problemlösungsstrategien, die ein Jugendlicher im Sport kennengelernt hat, schafft er es, auch anderswo Schwie-

rigkeiten in den Griff zu bekommen. Dann ist das „natürliches" Lernen. Ich bin der festen Überzeugung, daß in diesem Bereich mehr getan werden kann. Aber auch mehr getan werden muß. Und ich kann mir weiterhin vorstellen, daß gerade über die Schiene „Sport und Vereinsleben" sehr viel zu bewegen ist. Das sportliche Engagement eines jungen Menschen in einem und für einen Verein bekäme so einen völlig neuen Stellenwert.

Talente gibt's genügend

Kleine Kinder lernen ständig. Sie streben danach, Dinge auszuprobieren, Dinge zu erfahren, zu lernen. Jedes kleine Kind tut eigentlich den ganzen Tag nichts anderes, als auf seine eigene natürliche Art zu lernen. Diese Art des Lernens beruht auf Unschuld und Vertrauen. Jedes Kind kommt mit 100 % Lernbegierde auf die Welt. Und es sollte unsere Aufgabe sein, diese Gier zu erhalten.

Für mich ist ein Talent nichts anderes als ein Mensch, der in Unschuld und Vertrauen an eine Sache herangegangen ist und diese für ihn völlig selbstverständlich gemeistert hat. Nehmen wir ein kleines Kind, das es gerade eben geschafft hat, sich an einem Schrank hochzuziehen und zum ersten Mal auf den eigenen Füßen zu stehen. Es wird – wenn Sie es aus der Ferne beobachten – für sich und vor sich hin jubeln. Es spürt in sich, welchen Fort-Schritt (im wahrsten Sinne des Wortes) es soeben erzielt hat, weil es die Großen beobachtet und nachgeahmt hat. Das kleine Kind bräuchte überhaupt nicht den Beifall der anderen. Es handelte ja aus Lernbegierde! Wir nennen das auch intrinsische Motivation.

Und die Kehrseite des Ganzen? Die Erwachsenen machen aus dieser Normalität etwas Besonderes. Das Kind lernt es – leider –, sich von außen her motivieren zu lassen. Wir nennen dies extrinsische Motivation. – Entscheiden Sie selbst, was die bessere Motivation ist.

Christian und Robin, zwei Fachleute unter sich. Sportübergreifender Transfer von Persönlichkeit und Erfahrung. Die einfachste Art der Motivation.

Gleichwie: Früher oder später machen die Erwachsenen aus dieser eigentlichen Normalität eine Besonderheit und daraus möglicherweise ein Talent. Ein großer Teil der Talente geht indes beim Eintritt ins Erwachsenenalter verloren. Meiner Ansicht nach hängt dies damit zusammen, daß dem talentierten jungen Menschen durch sein Glaubenssystem der Zugang zu Unschuld und Vertrauen, mit dem er einfach und natürlich das Richtige tun könnte, verwehrt wird. Ich sehe jedoch eine Chance, diesem Prozeß gegenzusteuern. Insbesondere dann, wenn es gelingen könnte, die intrinsische Motivation zurückzugewinnen. Auch dies könnte ein Einsatzgebiet des emotional-mentalen Trainings sein. Denn wir zählen auf das im Menschen innewohnende Potential. Ich selbst bemühe mich derzeit darum, die Qualitäten eines solchen Talents „einzufrieren", um diese bei Bedarf wieder abrufen zu können. Robin ist zehn Jahre alt und in seiner Altersgruppe

Südbadischer Landesmeister im Bogenschießen. Doch aufgrund seines jungen Alters darf er leider noch nicht an Deutschen Meisterschaften teilnehmen. Ich bin gespannt, welche Entwicklung er einmal nehmen wird.

Schußwort zur Black Box „Mentales Training"

Um in der Weltspitze mithalten zu können, halte ich es für elementar, Spitzensportler mit mentalem Training zu begleiten. Handwerkszeug aus der Black Box „Mentales Training" sollte in noch stärkerem Maße zum Einsatz kommen und dessen Gebrauch mit den jungen Sportlern von Anfang an geübt werden. Damit würde dieses Handwerkszeug zu einem Geschenk werden. Innerhalb des Sports ebenso wie außerhalb!

Ich hatte das Glück, mit Christian und Raimund auf Menschen zu treffen, die diesem Thema nicht nur offen gegenüberstanden, sondern sich auch für eine entsprechende Art der Begleitung entschieden. Das Ergebnis: Christian schöpfte bei der Olympiade seine Möglichkeiten voll aus. Er war rundum zufrieden. Bei ihm hatte alles gepaßt. Und so konnte er auch völlig problemlos Matthew Emmons zum Gewinn der Goldmedaille gratulieren.

Auf diesem „Rundum-Erfolg" läßt sich aufbauen. Und genau das haben wir gemeinsam vor. Auf dem Weg nach Peking!

Gesundheit sowie dauerhafter und wertbeständiger Erfolg sind die Garanten für innere Zufriedenheit. Nicht nur Christian, nein, jeder Mensch hat die Chance, diesen Zustand der inneren Zufriedenheit anzustreben und auch zu erreichen. – Gewinnen doch auch Sie Ihre „persönliche" Goldmedaille?!

Die ersten Schritte zur Selbsthilfe

Es gibt soviel zu verbessern.

Viele Schützen sehen mehrere Ansatzpunkte dafür, wie sie ihr Schießen verbessern könnten. Entsprechendes gilt für jeden anderen Sportler, der sich in seiner Disziplin verbessern möchte.

Meine Empfehlung

Immer nur ein Thema angehen. Machen Sie sich eine Liste mit den Dingen, die Sie verändern wollen. Setzen Sie Prioritäten. Setzen Sie die erste Priorität als erstes Etappenziel fest und erstellen Sie hierfür ein realistisches Zeitfenster, bis wann Sie dieses Thema erarbeitet haben wollen. Erst danach nehmen Sie sich das nächste Etappenziel vor. (Schieß-)Technische Veränderungen lassen sich wunderbar unterstützen mittels *Stirn-Hinterhaupt-Halten* in Verbindung mit der Technik der Visualisierung.

Stirn-Hinterhaupt-Halten

Legen Sie Ihre eine Hand auf die Stirn. Damit ziehen Sie Energie in das Vorderhirn, in die Zone, in der bewußt, assoziativ und emotionsfrei gedacht werden kann. Sie kommen damit aus eventuellem Streß heraus und finden *in Lösungen hinein. Die andere Hand legen Sie auf das Hinterhaupt, Sitz des visuellen Zentrums. Dort werden die inneren Bilder, die Lösungen gesehen.*

In dieser Haltung stellen Sie sich das vor, was Sie verändert haben wollen. Lassen Sie in Ihrem „Kopfkino" Ihren Film zunächst einmal in seiner ursprünglichen Fassung laufen. Und dann stellen Sie sich in Ihrem Kopfkino die Situation so vor, wie diese für Sie im Optimalfall aussähe. Je detaillierter Sie – mit all den dazugehörenden Geräuschen bzw. Stimmen – in die Gefühlswelt eintauchen, desto „normaler" erscheint dem Gehirn der gewünschte Zustand. Und je öfter – und intensiver – Sie diesen Film ansehen, desto leichter hat es der Körper, diese Veränderungen in der Realität vorzunehmen. Er hat sie ja alle schon vorweg erlebt, als gehörten sie der erlebten Realität bereits an.

„Stirn-Hinterhaupt-Halten"

Streß im Privatleben – Streß beim Schießen

Viele Sportler tragen Themen aus Beruf und Beziehung mit in den Sport hinein. Dabei sollte es gerade für den Freizeitsportler eigentlich so sein, daß er über den Sport die Möglichkeit erhält abzuschalten. Ist jedoch der Kopf nicht frei, dann klappt es auch im Sport nicht optimal. Die Frustrationsschraube fängt an, sich zu drehen, bohrt sich immer tiefer hinein, bis am Ende die Gleichgültigkeit freiliegt.

Meine Empfehlung

Wenn während des Schießens Gedanken zu einem Thema auftauchen, so wollen diese auch bearbeitet werden. Leider ist dies jedoch der falsche Zeitpunkt. Machen Sie in dem Moment, in dem Ihnen der störende Gedanke in den Sinn kommt, einen Termin mit ihm aus: „Heute, um 17.00 Uhr besprechen wir das Thema!" Sollte sich der Gedanke hartnäckig zeigen und wiederkehren, verweisen Sie ihn auf diesen Termin. Es ist wichtig, diesen Besprechungstermin auch einzuhalten. Und doch: Einige der zuvor noch so wichtigen Gedanken haben sich manchmal bis dahin schon von alleine verflüchtigt: „Ich wundere mich nur, wie wichtig das vorhin war!" Andere störende Gedanken können zum Beispiel mit „Stirn-Hinterhaupt-Halten" an Brisanz verlieren oder neu modelliert werden.

Ich gerate unter Druck durch die anderen.

Viele Schützen machen sich abhängig von anderen, werden durch deren Ergebnisse verunsichert, lassen sich ablenken oder passen sich sogar deren niedrigem Niveau an.

Meine Empfehlung

Seien Sie beim Schießen ein Egoist. Und versuchen Sie, Ihr Potenzial auszuschöpfen. Es geht nur um Ihr Ergebnis. Denn es ist für Ihre Zufriedenheit, Ihre "innere" Goldmedaille wichtig, daß Sie Ihre beste Leistung bringen. Ihre persönliche Leistung ist unabhängig von Ihrer Umgebung, der Leistung der anderen und alle anderen Sachzwängen.

Formulieren Sie Ihre persönliche Zielvorstellung, um bei sich zu bleiben: "Ich bleibe bei mir!" oder "Ich schieße jetzt nur für mich!" oder "Nur ich bin in diesem Wettkampf wichtig!"

Unterstützen Sie diese "unabhängige Leistung" durch ein inneres Bild, welches Sie mit Ihrer Zielvorsetzung erknüpfen. Tauchen Sie vor dem Wettkampf in dieses Bild, in diesen Zielsatz ein und saugen Sie diese Emotionen auf.

Ihr mentaler Fitneß-Check

Für diesen Check empfehle ich Ihnen, sich mit einem Partner zusammenzutun und die nachfolgenden Fragen durchzugehen. Sollte Ihr Partner Ihre Antworten nicht klar verstehen, ist es seine Aufgabe, so lange nachzufragen, bis alles klar (clear) ist. Bemühen Sie sich in jedem Fall um Präzision. Und ganz wichtig: Es sollte Stillschweigen vereinbart werden.

Langfristige vorbereitende Maßnahmen zur **Zielfindung** *(s. Seite 198)*

Was wollen Sie erreichen? Wie heißt Ihr langfristiges Ziel? Definieren Sie jetzt Ihr Ziel und schreiben Sie es hier auf.

Mein Ziel:

Teilen Sie dieses Ziel in Etappenziele ein! (siehe Seite 204)

Wie heißen diese **Etappenziele?**

1. Etappenziel:

2. Etappenziel:

3. Etappenziel:

Copyright © 2004 by Dipl.-Ing. Rainer Hatz · www.potenzial-mensch.de

Woran erkennen Sie, daß Sie Ihre **Etappenziele** *erreicht haben?*

Erfolgsmerkmale des ersten Etappenziels:

Erfolgsmerkmale des zweiten Etappenziels:

Erfolgsmerkmale des dritten Etappenziels:

Gibt es vielleicht Gründe, ein Etappenziel nicht zu erreichen, bzw. Dinge, die einem Ziel im Wege stehen könnten?

Mögliche Schwierigkeiten, das erste Etappenziel zu erreichen:

Mögliche Schwierigkeiten, das zweite Etappenziel zu erreichen:

Mögliche Schwierigkeiten, das dritte Etappenziel zu erreichen:

Copyright © 2004 by Dipl.-Ing. Rainer Hatz · www.potenzial-mensch.de

Gibt es Möglichkeiten,
   wie Sie 100 % **Verantwortung**
         für diese „Probleme" oder „Schwierigkeiten"
      annehmen und übernehmen können? (siehe Seite 200)

Verantwortung und Handeln für das erste Etappenziel:

[ ]

Verantwortung und Handeln für das zweite Etappenziel:

[ ]

Verantwortung und Handeln für das dritte Etappenziel:

[ ]

Kontrolle:

Entsprechen die Zielformulierungen den PACE-Kriterien? (siehe S. 199)
Stimmt Ihr Gefühl mit dem Zielsatz überein? (siehe Seite 204)

Bewußtwerdung
über die physische Fitneß:

Sind Sie physisch fit?

Tragen Sie den Zustand, wie Sie ihn für sich sehen, in das nachfolgende Diagramm ein. Beginnen Sie mit einer Rückschau. Wie war Ihr Zustand in den letzten Wochen? Und halten Sie für die Zukunft, für Ihr Ziel und die Etappenziele, Ihre Vorstellung fest. Welchen Fühlwert möchten Sie gerne erreichen? Tragen Sie Ihre Werte, chronologisch geordnet, von links nach rechts ein (erste Kurve).

Copyright © 2004 by Dipl.-Ing. Rainer Hatz · www.potenzial-mensch.de

Zustandsbarometer

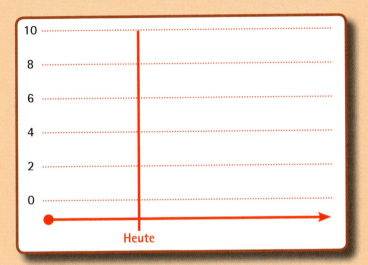

Zu welchen Aktivitäten sind Sie bereit, um Ihre **physische Fitneß** zu steigern? Tragen Sie nun diese Aktivitäten ein:

Nehmen Sie an, Sie hätten das zu dem Sie bereit sind auch getan. Tragen Sie nun diese Werte in das Barometer ein (zweite Kurve). Wenn beide Kurven nicht deckungsgleich sind, dann müssen Sie aktiv werden, um einen inneren Konflikt zu vermeiden. Was ist zu tun: Sie sollten die „Fühlwertkurve" senken und/oder die „Bereitschaftskurve" erhöhen. Für diese Veränderungen übernehmen Sie die Verantwortung und tragen die Konsequenzen. Das ist Ihre Aufgabe.

Copyright © 2004 by Dipl.-Ing. Rainer Hatz · www.potenzial-mensch.de

Der gute Zustand für das Schießen:

Ihre **Qualitäten,**
die Sie für den Wettkampf brauchen, sind ...

(siehe Seite 207)

-
-
-
-
-

Ritualisieren

Sie Ihre Qualitäten mit dem EQ-Training

(siehe Seite 206)

Copyright © 2004 by Dipl.-Ing. Rainer Hatz · www.potenzial-mensch.de

Maßnahmen direkt vor dem Wettkampf

Haben Sie genügend **Sauerstoff** und **Wasser** getankt?

Haben Sie auch **Wasser** für den **Wettbewerb** dabei?

Was ist Ihr **Ziel** für heute? Für diesen **Wettbewerb**?

Haben Sie mit den **Themen**, die Sie im Wettkampf ablenken könnten, einen Besprechungs **Termin** vereinbart?

Haben alle **Qualitäten** das erwünschte **Niveau**?

Copyright © 2004 by Dipl.-Ing. Rainer Hatz · www.potenzial-mensch.de

Maßnahmen während des Wettkampfes

Tanken Sie regelmäßig **Energie.**

Halten Sie den **Fokus** *aufrecht.*
Zum **Beispiel** *so: „Ich bleibe bei mir!"*

Wenn es nicht so läuft, überprüfen Sie **Qualitäten** *und* **Quantitäten.**

Auf das **„Gute"** *achten, auch nach dem Wettkampf, d.h.*

Halten sie Ihren Fokus auf den Dingen, den Zielen, die Sie bereits erreicht haben. Mit dieser Vorspannung läßt sich das neue Etappenziel leichter und lockerer angehen und auch erreichen!

Für das einzelne Training heißt das auch, daß Sie Ihr Training in einem guten Zustand beenden sollten. Lieber etwas früher, dafür aber zufrieden aufhören, als zu meinen, „noch eins drauf setzen zu müssen". So wie Sie das Training emotional beendet haben, so werden Sie in das nächste Training einsteigen. Also tun Sie sich etwas Gutes und achten Sie stärker auf ihren emotionalen Zustand!

Copyright © 2004 by Dipl.-Ing. Rainer Hatz · www.potenzial-mensch.de

*Kreieren Sie sich ein Symbol zum Thema „Fokus auf das Gute!"
Zeichnen Sie es z. B. auf eine Karte und tragen Sie es mit sich. Zum Trainingsabschluß schauen Sie sich dieses Symbol an, es wird Sie zur Reflexion anregen und Ihnen helfen, das Positive an diesem Training zu verankern.*

Wie sieht Ihr **Symbol** *aus?*

Zeichnen *Sie bitte spontan Ihr Symbol, welches Sie an den „Fokus auf das Gute" erinnert.*

Tragen Sie dieses Symbol mit sich oder hängen Sie es als Bild an die Wand und schauen Sie es von Zeit zu Zeit (mit „Stirn-Hinterhaupt-Halten") bewußt an.

Copyright © 2004 by Dipl.-Ing. Rainer Hatz · www.potenzial-mensch.de

Dipl.-Ing.
Rainer Hatz

vita

Rainer Hatz, Jahrgang 1963, begann seine berufliche Karriere als Ingenieur für Automatisierungstechnik bei Siemens in Karlsruhe. Zu seinem Aufgabengebiet zählten unter anderem Kunden- und Mitarbeiterschulungen.

Der Vater zweier Söhne machte sich aus familiären Gründen 1999 als Lernberater selbständig. Zuvor eignete er sich in den zahlreichen internationalen Fortbildungsseminaren sein Basiswissen auf dem Sektor „Emotionale Entstressung und Persönlichkeitsentwicklung" an. Er lässt sich gern mit den Worten „Als Schüler und Student musste ich stets viel büffeln, um am Ende ein akzeptable Note zu erreichen" zitieren.

In Seminaren der „Angewandten Kinesiologie" und „Three-in-one-Concepts" lernte er, daß Lebensqualität, Gesundheit, Zufriedenheit und wertbeständiger Erfolg richtig angewandt, viel leichter gehen kann. Zwischenzeitlich hat er sich auf Streßablösung und Emotions-Management spezialisiert. Er coacht und hält Seminare bei namhaften Unternehmen wie DaimlerChrysler, Robert Bosch GmbH und Lilly Deutschland

GmbH. Dabei spielt das Potenzial des Menschen die zentrale Rolle. Viele Menschen nutzen nicht ihr vorhandenes Potenzial und können dies in seinen Seminaren erkennen und ausschöpfen.

Unter dem Branding „EQ-Training", das professionelle Management der Emotionen, offeriert er zahlreiche Seminare und Trainingsmaßnahmen: „Angriff auf die Komfortzone", „Strukturfunktionen im Verkauf", „Gut drauf im Linienverkehr" und „So werden Mitarbeiter zu Menschenkennern. Emotionsmanagement für Dienstleistungsberufe".

Im Sport fand Christian Luschs Mentalcoach weitere Betätigungsfelder. „Resonanz-Fußball" ist die punktgenaue Eliminierung vermeidbarer Fehler. Dieses System ermöglicht jeder Fußballmannschaft nach nur wenigen Trainingseinheiten die individuelle Fehlerquote drastisch zu reduzieren. Neben Christian Lusch und „Resonanz-Fußball" coacht er auch in anderen Sportarten wie beispielsweise Kampfsport und Radrennen.

Mit Talent und Trainingsfleiß holen Sie eventuell einen Vereinspokal…

…mit EQ-Training eine Silbermedaille*

Das EQ-Training mit der Kernkompetenz „Emotions-Management" oder anders ausgedrückt: Die Türen für das Potenzial des Menschen öffnen und offen halten.
Viele Sportler haben zwei grundlegende „Probleme": Sie erarbeiten ihre Trainingsziele oftmals mit viel zu viel Energieaufwand. Das im Training aufgebaute Potenzial kann im Wettkampf nicht zu 100 Prozent abgerufen werden.